CEIBS | 中欧经管图书

数字化领导力

方跃 著

中国出版集团
東方出版中心

图书在版编目（CIP）数据

数字化领导力 / 方跃著. 一上海：东方出版中心，
2019.10（2024.12 重印）
ISBN 978-7-5473-1554-5

Ⅰ. ①数… Ⅱ. ①方… Ⅲ. ①企业管理–数字化–研
究 Ⅳ. ①F272.7

中国版本图书馆CIP数据核字（2019）第213010号

丛书策划 刘佩英
特约策划 胡峙峰
责任编辑 邓 伟 徐建梅
特约编辑 朱 枫 张碧萱
装帧设计 奇文雲海 Chival IDEA

中欧前沿观点丛书

数字化领导力

著 者 方 跃

出版发行 东方出版中心
地 址 上海市仙霞路345号
邮政编码 200336
电 话 021-62417400
印 刷 者 山东韵杰文化科技有限公司

开 本 890mm × 1240mm 1/32
印 张 5.125
字 数 83千字
版 次 2019年10月第1版
印 次 2024年12月第8次印刷
定 价 56.00元

中欧前沿观点丛书

院长的话

1994年，中欧国际工商学院（下称“中欧”）由中国政府和欧盟联合创立。廿五载风雨兼程，伴随着中国经济稳步迈向世界舞台中央的历史进程，中欧从西方经典管理知识的引进者，逐渐成长为全球化时代中国管理知识的创造者和传播者，走出了一条独具特色的成功之路，建成了一所亚洲领先、全球知名的商学院。中欧以“认真、创新、追求卓越”为校训，致力于培养兼具中国深度和全球广度、培养积极承担社会责任的商业领袖，被中国和欧盟的领导者分别誉为“众多优秀管理人士的摇篮”和“欧中成功合作的典范”。目前，中欧的MBA和EMBA课程均位列英国《金融时报》排行榜全球五强，在亚洲商学院中无出其右者，与全球顶尖商学院相比亦不遑多让。

中欧拥有世界一流的教授队伍，其中有70余位全职教授，来自全球18个国家和地区，他们不仅博学善教，也引领商业知识的创造。中欧的教授队伍中既有学术造诣深厚、连续多年入选“高被引学者”榜单的杰出学者，又有实战经验丰富的企业家和银行家，以及高瞻远瞩、见微知著的国际知名政治家。

受上海市政府委托，中欧领衔创建“中国工商管理国际案例库（ChinaCases.Org）”，已收录精品案例1 200多篇，被国内外知名商学院广为采用。中欧还独创“实境教学法”，引导商业精英更好地将理论融入实践，做到经世致用、知行合一。

此次，中欧教授中的骨干力量倾力推出中欧前沿观点丛书，不仅是为即将到来的中欧25周年校庆献礼，也是希望以简明易懂的形式让高端学术“飞入寻常百姓家”。我们希望这套丛书能够给予广大读者知识的启迪、实践的参照，以及观察经济社会的客观、专业的视角；也希望随着中欧前沿观点丛书的不断丰富，它能成为中欧知识宝库中的一道亮丽风景线。

李铭俊教授

中欧国际工商学院院长

迪帕克·杰恩（Dipak Jain）教授

中欧国际工商学院欧方院长

2019年9月1日

总　序

中欧前沿观点丛书和读者见面了。首批6本图书于2019年出版发行，而2019年恰逢中欧国际工商学院建院25周年。中欧国际工商学院（下称“中欧”）是中国和欧盟于1994年合作创办的商学院。中欧在短短的25年里创造了世界教育领域的奇迹——从最初十年的默默无闻到最近十多年来屡居全球商学院多个权威榜单的前茅。在英国《金融时报》的榜单中，中欧MBA课程位居全球第五（2019年1月发布），中欧EMBA课程也位居全球第五（2018年10月发布）。两个“全球第五”成为中欧25周年华诞的完美献礼！

中欧能够打造精品课程，仰仗的是中欧教授深厚的学术修养和实操经验。中欧拥有70余位全职教授，来自18个国家和地区，其中中国籍教授占40%（含港澳台），外籍教授占60%。中欧教授均有在海外留学和教学的经历，熟悉国际学术界的前沿理论及其商业应用，因而他们具有宽广的国际化视野。同时，中欧每个教授均花费大量时间和精力深耕中国案例，因而他们拥有对中国实践的深刻认知。中欧为这些具有“中国深度、全球广度”的教授们提供了发挥其才能的最佳舞台，而教授们回馈其才华帮助中欧实现“聚焦中国、贡献世界”的雄心。

遗憾的是，绝大多数中欧教授“养在深闺人未识”。这套中欧前沿观点丛书意在弥补这个缺憾，让这些“隐士教授”向大众读者露个脸，让不曾上过这些教授课程的读者领略一下他们的学识和风范，同时也让上过这些教授课程的读者重温一下曾经品尝过的思想佳肴。丛书编委会希望这套丛书能呈现四个特点。第一是有料，就是书中有足够多的满足读者胃口的知识点。第二是轻快，做到“内容轻学术，形式简篇幅”，让读者翻开书就被吸引，手不释卷能在较短的时间内读完第一遍。第三是回味，就是在读完第一遍后，还会有兴趣去读第二遍和第三遍，既要“轻学术”，又要“厚内涵”。第四是实操，就是书中的知识能够对现实中的相关决策有一定的指导意义。简而言之十个字：有料有回味，轻快能实操。这“十字诀”就是中欧前沿观点丛书的定位。

中欧前沿观点丛书首批6本将在2019年11月举行的中欧25周年庆典上亮相，之后该丛书将继续推出中欧教授的原创小书。经济学中有个著名的观点：小的是美好的。希望这套丛书会是中欧教授思想的美好呈现。我们会竭尽全力将这套丛书做成精品，同时我们愿意倾心听取读者的批评意见（电子邮箱：gdcs@ceibs.edu）。

本套丛书的成功出版要感谢中欧领导层的支持，感谢丛书顾问们的指导和丛书编委们的付出。同时也要感谢中欧出版集团和东方出版中心的通力合作。我们期待中欧前沿观点丛书能够吸引到一大批忠实的读者。愿这套丛书与读者常相伴，共成长！

中欧前沿观点丛书编委会

2019年8月于上海

目
录
Contents

引言

究竟何为“数字化”？

世界正变得越来越数字化，以人工智能、物联网、云计算、大数据、机器人和区块链为代表的新兴技术正在形成全新的经济形态——数字经济。在数字经济的大背景下，数字技术和创新正成为社会经济增长的重要驱动力，数字化成为企业生存和成长的必须。从在某种意义上讲，未来的企业都将成为数字型企业（digital enterprise），合格的企业管理者都将成为具备数字化领导力（digital leadership）的数字化领导者（digital leader）。

近年来，越来越多的企业走上了数字化之路，但很多企业领导者并不真正清楚数字化的目的是什么。引领数字化变革必须从提升对数字化的认知开始。

企业数字化有两层含义。第一层含义称为“信息”数字化（digitization），意指企业利用现代信息技术（information technology，IT）对业务流程（business process，BP）进行设计、开发、改进和重组的活动。其主要特点是通过IT手段，使其业务流程数字化和标准化，以达到提升企业边际效益（即降低运营成本和提高运营效率）的目标。在过去近30年里，大量企业广泛采用以企业资源计划（enterprise resource planning，ERP）和客户关系管理（customer relationship management，CRM）为代表的软件系统，积极进行“信息”数字化建设，在包括采购、生产、销售和财务，乃至质量管理和业务流程管理（business process management，BPM）等各方面有了很大的改善和提升。

然而，本书讲述的“数字化”强调的是它第二个层面的含义：数字化（being digital）或数字化转型（digital transformation）。那么，何为数字化（转型）？它又同“信息”数字化有什么本质区别？

为了让大家对数字化（转型）有一个比较全面和正确的认识，我挑选了几家企业，并查找和总结了他们对数字化的论述或诠释（见表0–1）。被挑选的企业包括6家著名的咨询企业（波士顿咨询、麦肯锡、埃森哲、罗兰贝格、科尔尼和贝恩公司），两家税务师事务所（安永和德勤）以及5家数字化技术龙头企业（高德纳、西门子、国际商业机器公司、微软和思爱普）。

表 0–1　数字化的定义

企业名称	对数字化的诠释
波士顿咨询（BCG）	数字化的四个特点：① 使用工业4.0和服务4.0等新兴技术来提高生产力，优化核心业务；② 专注于数字化的客户体验，提供个性化的服务，强调客户参与度，希望与客户建立长期合作关系；③ 追求商业模式创新，探索并建立全新的数字商业领域以打破现有的价值池；④ 将某些需要数字技术支持的职能（如分析和卓越研究中心）嵌入组织中[1]
埃森哲（Accenture）	数字技术所扮演的角色正在迅速转变——从提升边际效率，转变为推动根本性的创新与颠覆[2]
罗兰贝格（Roland Berger）	数字化转型是大势所趋。有远见的公司会为自己制定新的战略目标，而那些不去适应的公司将会失败。数字化的挑战不在于如何掌握数字技术；相反，企业最高管理层必须要做的是创造必需的条件、文化，使公司转型为成熟的数字化组织
麦肯锡（McKinsey）	为了使“数字化”的定义更加具体，我们将其划分为三个属性：在商业世界的新领域创造价值，在执行客户体验愿景的流程中创造价值，以及建立基础能力支持整个结构
科尔尼（A.T.Kearney）	颠覆、创新和转型都已成为关键的战略举措，数字技术是这三项战略的关键组成部分
贝恩公司（Bain & Company）	数字化颠覆是自我应验的预言：对于将其视为威胁者，数字化构成一种业务威胁；而对于那些把它视为实现核心战略、取悦客户和更智慧、更快速运营的一种手段的企业，数字化意味着大量机会。数字化体验，例如在线购物和移动应用程序等，如今已经成为日常生活的标配内容。领军企业认识到新的数字科技带来了多种增长机会，包括利用高度便利化和定制化的方案来取悦客户，利用来自数字化活动的大量数据更好地接近客户，利用数字化技术更好地完善运营等。数字化领军者把一些影响日常变革的宏观力量变为资本，这些宏观力量会改变企业看待自身品牌、产品、服务体验以及价值主张所有组成要素的方式

[1] 资料来源：《BCG数字挑战者之数字化驱动：一日千里》，波士顿咨询，2018年。
[2] 资料来源：《世界经济论坛白皮书：行业数字化转型》，埃森哲，2016年。

（续表）

企业名称	对数字化的诠释
安永（EY）	我们生活在创新与数字化的年代，这两项因素正改变我们所从事的一切。数字化改变了可能性，对每个个体、机构、企业与政府都造成影响。五个核心数字化领域：① 企业战略（重新思考其在数字化时代的业务策略与运营模型）；② 孵化及创新（建立一套端到端的创新能力以培养新观点与业务模型）；③ 体验转型(对客户的状况进行分析，在此基础上设计，然后落实新体验)；④ 运营（联系、加强并实现运营与供应链的自动化，以实现数字化的目标）；⑤ 风险管理（构建应对数字化可能带来的风险的系统）
德勤（Deloitte）	“数字化”是互联网、移动平台和数据分析工具，在方方面面影响着每一个人的生活方式。企业数字化转型全方位解决方案为五层架构形式：商业场景、应用、模型、数据和技术
高德纳（Gartner）	数字化是利用数字技术改变商业模式，提供新的收入和创造价值的机会；它是向数字业务转移的过程
西门子（SIEMENS）	企业必须首先实现端到端的数据集成，才能完全实现数字化的价值。完全数字化的业务流程以及供应商的业务流程有助于形成整个价值链的数字化呈现，这需要工业软件包和自动化、扩展通信网络、自动化领域的安全性以及特定于业务的工业服务的使用
国际商业机器公司（IBM）	数字转型的关键领域包括重新配置客户价值主张（提供什么）和重塑运营模式（如何交付）
微软（Microsoft）	数字化转型就是重新思考如何将人员、数据和流程结合在一起。专注于这三个支柱的数字转型战略将帮助企业为客户创造价值，并在数字优先的世界中保持竞争优势
思爱普（SAP）	“Digitization”提高了流程效率；“Digitalization”意味着企业现在使用技术与人接触，以精确地满足他们的特殊需求

注：除特别标注外，表中内容均来自公司网站。

虽然出自不同的视角，每家企业对数字化有各自的“定义”，但基本共识是一致的。第一，数字化是客户驱动的企业战略性重构，其核心是利用数字化技术升级产业价值链，以达到提高客户体验、满足客户个性化需求、为客户创造更多价值的目的。第二，数字化不是一个单纯的技术概念，它不是简单地将信息技术注入企业之中，能否凝聚领导力、技术、流程、创新和组织文化要素的力量是数字化成败的关键。第三，数字化的重点不是利用数字技术提高某个商品的销量或提高某条生产线的效率，而是全面重新构建流程、产品和服务，向数字业务转移，提高数字化竞争力，最终实现商业转型（business transformation）。

为什么数字化战略强调以客户价值为核心？要回答这个问题，首先要弄清楚做企业的目的究竟是什么。彼得·德鲁克[1]（Peter F. Drucker，1909—2005年）对这个问题曾有过明确的回答：企业的目的就是创造顾客，只有顾客购买了商品和服务，企业才能把经济资源转变为财富，把物品转变为商品。换言之，产品和服务的价值不是由企业决定的，客户决定企业产品和服务的价值。最终，客户决定企业的成败。

---

[1] 彼得·德鲁克被誉为现代管理之父，是管理学的开创者，对社会学和经济学有着深远的影响，他曾7次获得“麦肯锡奖”，并于2002年6月20日获得当年的美国“总统自由勋章”。总统自由勋章是美国最高荣誉的文职勋章，由美国总统一年一度颁发，与国会金质奖章并列为美国最高的平民荣誉。

企业很难预测未来技术发展的变化趋势，更难把握客户不断演变的需求，但无论在什么情况下，企业要想获得长期发展，都应以客户价值为核心，正如亚马逊集团董事会主席兼首席执行官（chief executive officer，CEO）杰夫·贝佐斯（Jeff Bezos）所说："我关注的不是十年后哪些会发生变化，而是十年后哪些依然不变。"客户永远是核心，无论未来技术如何发展，都不会变。企业在制订数字化战略时，应将客户作为战略的出发点，回归企业的本质，借助不断发展的技术力量，打造全新的客户体验，满足客户的个性化需求。

在本书中，凡是用到"数字化"一词时，我指的是其第二层含义：数字化或数字化转型。"信息"数字化可以看成是数字化（转型）的基础和第一阶段，一般主要由企业的IT部门主导和负责实施。因行业不同，其"信息"数字化的进程有很大差异。总的来讲，不少企业已经基本完成了这一阶段的数字化工作。但是数字化的第二个层次（或者阶段）对所有企业而言，仍然而且在未来相当长一段时间内都将是"进行时"。

值得一提的是，很多CEO都把数字化（转型）与现有业务的数字化混为一谈。"业务"数字化是数字化（转型）的重要组成部分，但数字化（转型）不是指简单地将现有业务数字化（比如，创建一个新网站、开发一个手机应用程序或在线销售渠道），而是在数字化（转型）的战略框架下，实现整体业务的数字化和向数字业务转移。

为简单起见，在本书中，我将称“信息”数字化为“信息化”，也不再区分“数字化”和“数字化转型”，统称其为数字化。

为什么要“数字化”？

有研究显示，数字化的成功与否直接决定了企业能否从“传统竞争型”转变为适应数字经济的行业佼佼者。

维尔（Weill）和沃纳（Woerner）在2015年和2017年走访了全球近800家企业，研究数字化能力对企业竞争力的影响。被走访的企业覆盖了包括制造、金融和IT软件与服务在内的多个行业。两位学者发现近800家受访企业可以按照数字化能力分为四大类:“竖井”与复杂性型、工业化型、综合体验型和“面向未来”型（见图0-1）[1]。

---

[1] Peter Weill, Stephanie Woerner. Is Your Company Ready for a Digital Future?[J]. MIT Sloan Management Review, Winter, 2018: 21–25.

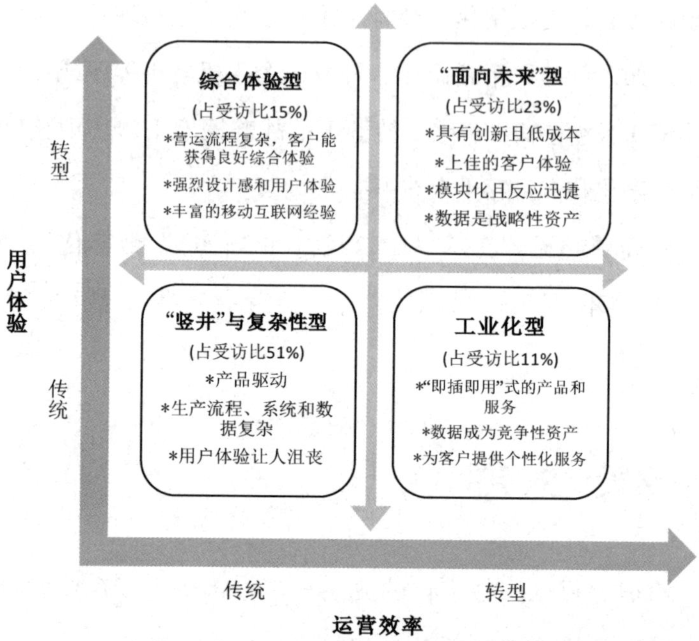

图0-1　数字化能力对企业竞争力的影响

首先，我们看一下这四类企业都有什么特征。

第一类：“竖井”和复杂性型（silos and complexity）。图0-1中左下方的企业类型属于“竖井”和复杂性型。经过多年的发展，这类企业形成了自己“竖井”形态的系列产品和服务，它们的产品和服务由复杂的商业流程、系统和数据支持。这类企业多是劳动密集型，产品和服务非常碎片化，用户体验让人沮丧，并且公司“竖井”形态的特点会不断加剧这样的结果。这类企业有时也能够提供一个令人愉快的用户体验，但很大程度上依赖于雇员自发的“英雄式”行为。这类企业的利润能力非常薄弱，其利润率一般低于行业平均利润率5%。在800家被访企业中，约半数企业（51%）属于这个类型。

第二类：工业化型（industrialized）。图0–1中右下方的企业类型属于工业化型。这类企业通过最佳实践，不断优化自动化生产流程，它们“即插即用”的模块化和标准化的生产方式能够为客户提供快速、廉价和个性化的服务，同用户交流和营运所产生的大量数据已成为企业丰富的竞争性资产。这类企业的收益率超过行业平均收益率4.6%。工业化型企业占被访企业的11%。

第三类：综合体验型（integration experience）。图0–1中左上方的企业类型属于综合体验型。尽管营运系统复杂，该类企业能够提供高于同行平均水平的用户体验。为更好提升用户体验，综合体验型企业会努力开发吸引客户的网站和手机软件，雇佣大量的公关经理，并且通过购买和分析数据来寻找新的提升用户体验的机会。然而，这些企业往往技术和处理数据的能力不高，也不具备简化其复杂商业和流程业务的能力。结果，即使能提供不错的用户体验，由于营运成本居高不下，其利润率低于行业平均利润率3.6%。这类企业占被访企业的15%。

第四类:“面向未来”型(future-ready)。“面向未来”型企业在提供上佳客户体验的同时，还能控制住成本。它们把满足客户需求当作首要目标，会利用各种方法为客户提供良好的用户体验。企业采用模块化运营方式，对客户需求反应迅捷。数据对其而言是战略性资产，企业能够有效分享并且将数字提供给其他需要的企业使用。该类企业为能在数字经济时代下生存而积极进行数字化转型，其业绩表现高于行业平均水平多达16%。“面向未来”型企业占被访企业的近1/4（23%）。

研究结果表明，数字化能力相对较强的企业（第四类“面向未来”型企业）在客户体验和运营效率两个维度都明显强于其他三类企业，这些数字化能力相对较强的企业正在成为数字化时代的行业领军者。工业化型企业（第二类）在运营效率方面有自己的优势，综合体验型企业（第三类）的强项则是客户体验，两类企业在运营效率或客户体验方面强于第一类数字化能力较弱的“竖井”与复杂性型企业。特别值得注意的是，数字化能力相对较强的第四类“面向未来”型企业只占总受访企业的23%，而超过半数（51%）的企业还属于数字化能力较弱的“竖井”与复杂性类型。

为了评估数字化是否对提升企业绩效有显著影响，《哈佛商业评论》研究服务部2018年对734位企业领导者进行了调研[1]，并撰写了市场倾向调查报告《重新评估数字化转型》。调研结果显示：数字化程度较高的企业（在本书第3章将这类企业称为“数字化领导者”），其所有被考量的绩效指标都远高于被访企业的平均水平（“全部受访者”）。以前四项绩效指标为例，数字化程度较高的企业中有44%的企业认为，数字化转型后，它们的市场地位和竞争能力都有显著提高，这个比例是所有被访企业平均水平（21%）的两倍；数字化程度较高的企业中有41%的企业认为它们的收益增长有显著提高，这个比例大约是所有被访企业平均水平（20%）的两倍；数字化程度较高的企业中有39%的企业认为数字化转型有效地提高了企业的运营效率，显著高于被访企业的平均水平（26%）；数字化转型大大提高了员工满意度，数字化程度较高的企业中有37%的企业认为，通过数字化转型，员工满意度有显著提高，这个比例是所有被访企业平均水平（17%）的两倍多（见图0-2）。

---

[1] 被调研的734家企业来自不同行业，其中被访企业最多的三个行业是科技（13%）、金融服务（12%）和制造业（10%）。就企业规模而言，其中42%的企业员工超过10 000人，30%的企业员工在1 000～10 000人，剩下28%企业的员工人数少于1 000人。在被访企业中，44%来自北美洲，21%来自欧洲，还有21%来自亚洲和太平洋地区，其他企业来自南美洲、中东和非洲等地区。

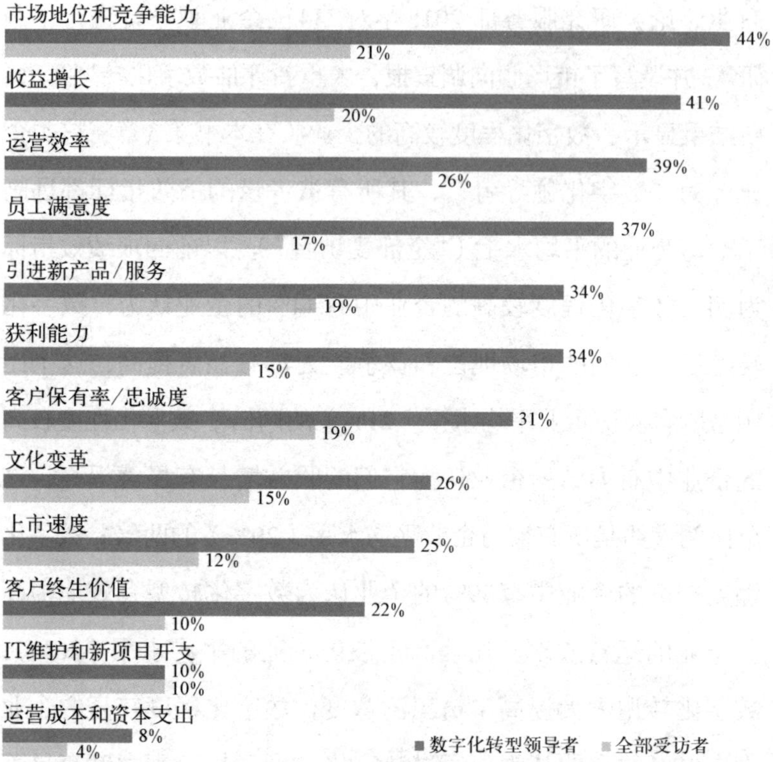

图 0–2　数字化转型结果

注：图中百分比表示选择“企业绩效衡量指标因其数字化转型工作而显著改进”这一选项的受访者比例。

转型之路面临诸多挑战

《哈佛商业评论》研究服务部2018年发布的市场倾向调查

显示：迄今为止，尽管已倾注了多年的努力，但只有13%受访企业的数字化转型工作卓有成效。

乔治·维斯特曼（George Westerman）是麻省理工学院数字化经济倡导行动的首席科学家，他是这样描述近年企业数字化状态的："从五年前开始，人们对数字化转型的热情正被强烈的现实主义所取代。"维斯特曼认为很多企业的问题在于企业领导者在数字化转型过程中不得要领，"他们关注的是'数字化'，但'转型'才是重中之重。这不在于是否拥有移动应用程序，而在于打造完全不同的客户体验；这不在于应用分析功能，而在于提供一对一的个性化服务。有时候，所有同技术相关的讨论都会淡化企业在运营方式变革方面的工作努力。"

《哈佛商业评论》研究服务部的调查还显示：85%的受访者认为结合技术、流程和组织文化在数字化转型中至关重要。的确，真正的数字化转型首先需要企业的高级管理人员（简称高管）具备战略眼光和数字化领导力，重新思考和重组企业的关键要素——战略、技术、流程、创新和组织文化。引进并应用新兴技术相对容易，凝聚所有这些要素的力量是数字化变革取得成功的关键。当企业领导者认为技术仅仅是解决问题的答案来源时，他们会错过以更全面、更大胆的方式进行创新和变革的机会。

以战略为例，企业管理层在制订数字化战略时需要不同以往的思考方式。“传统”的企业在决策时考虑的第一个问题往往是“我们的战略是什么”，当讨论战略实施时，才考虑如何调动包括技术在内的所有资源来实现已制定好的战略。具备“数字化头脑”的高管团队（在第3章对具备“数字化头脑”的高管团队的基本特征有详细讨论），在早期制定战略时就会研究如何利用技术来提高客户满意度和企业自身的效率。为推出新产品和新服务，企业管理层会采用“测试学习”的方法规划战略，通过开展实验来确定可行之法，再将成功的模式推广开来。具备“数字化头脑”的高管团队能够很好地运用自己对技术和市场趋势的深入见解，在更大格局上探索企业面对的竞争版图，而不是一叶障目地局限于某几个技术应用点上。这些企业更清楚自己的长处和优势，善于利用内部创新或外部合作（或是两者相结合）的方式将自身所长发挥到极致。

毫无疑问，企业的数字化转型之路是一个艰苦和漫长的过程。企业一旦踏上数字化转型的征程，将面临诸多挑战和来自各方面的阻力，持续的创新和变革对企业，尤其对大型企业更是难上加难。虽然数字化转型并不存在一个所谓的“正确模式”，转型方式多种多样，在很大程度上也无统一成熟模式可循。本书希望就企业如何成功开展数字化转型的一些关键问题，同企业管理者一起探讨，以帮助企业高层管理者提高对数字化的认知，明确战略方向和“行动路线”，增强信心，在数字化转型中少走弯路。

本书共分4章。第1章“数字、机器与人”简要回顾数字的起源，机器和人工智能在人类工业化进程中的作用以及人工智能对人类工作岗位的影响。第2章“数字化变革”讨论技术对商业和商业模式的影响以及给社会、管理和商业模式带来的变革。第3章“数字化领导力”探讨数字化时代企业领导者所应具备的领导能力、企业数字化过程中的常见误区以及管理者如何领导“机器人同事”并同“机器人经理”共事等数字时代企业面临的新课题。第4章“开启数字化之旅”，探索数字化如何实施，着重介绍企业数字化转型“路线图”，并就如何加强数字化创新和数字化团队建设这两个关系到数字化成败的关键因素（还有一个关键因素是第3章讨论的数字化领导力）提出我的建议。

最后强调，本书针对企业高层管理者，将重点放在企业高层管理者最关心的问题上，因而本书只包含一些技术趋势和技术对商业的影响的简单介绍和讨论（第1章和第2章的部分章节），没有涉及数字化过程必要的技术维度的讨论，比如首席数据官（chief data officer，CDO）的职能和如何打造技术及业务平台，请读者谅解。

第1章

数字、机器与人

数字的出现是人类文明的重要标志

数字和语言文字在人类发展进化过程中起着巨大的作用。作为人类语言文字的一个子集，数字让人类能精确地理解和描述数量，对人类认知能力的进化和经验知识的积累至关重要。数字并非自然存在，同文字、石器工具、活字印刷和火药一样，是人类的一项重要发明，也是人类文明的重要标志[1]。彼得·戈登（Peter Gordon）2004年发表在《科学》杂志的研究表明：数字概念并非天生存在于人类的基因之中，如果没有数字系统，很大程度上人类无法区分数量大小，并很难理解3以上的数量。

凯莱布·艾佛里特（Calab Everett）在他的著作《数字起源》[2]中，对数字有如下描述："人类是通过文化和语言的传播，后天才学会数字概念的。也就是说，这些概念是人类后天习得的，并非先天遗传而来，那就说明这些能力并不是人类先天'硬件'的一部分——这些能力是人脑'软件包'的一部分，

---

❶ 科学界一般将文字的出现作为界定人类文明发展的一个重要分界点，通常将文字出现以前的历史称为史前史，而把文字出现之后的历史称为人类文明史。

❷ [美]凯莱布·埃弗里特.数字起源[M].鲁冬旭，译.北京：中信出版集团，2018.

是人类自己开发了这种应用功能。”

数字的产生来源于早期人类的农业活动。当开始大量交易农产品和动物时，人类需要“技术工具”来描述数量并记忆信息。有趣的是，在世界各大洲的文明中，人类的文字系统都是以数字为核心的。早在3 600多年前的商朝，在中国早期文字甲骨文中已经出现了成熟的记数系统。根据结绳记数的象形，甲骨文创造的数字符号如图1–1所示。

数字系统的发明，极大地促进了人类早期农业文明和农业技术的发展。反过来，农业的发展和繁荣也有力地推动了人

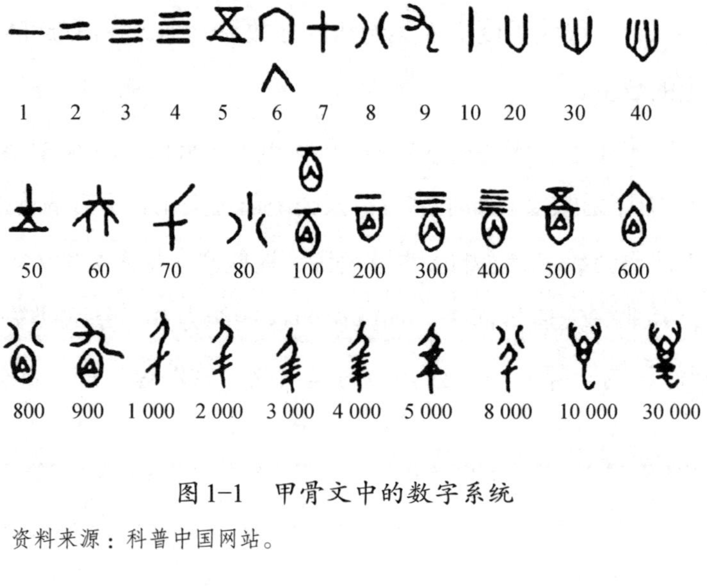

图1–1　甲骨文中的数字系统

资料来源：科普中国网站。

类对数字这一“技术工具”的不断改进和发展。凯莱布·埃弗里特认为数字是人类认知和智能提高与发展的重要基础。正是不断发展的数字系统，有力地推动了科技进步，加速了人类历史的发展进程。

工业革命时代的数字思维

数字（系统）的发明和随后的数字技术的发展对人类农业文明和后期的农业革命产生了深远影响，也对继农业革命之后的工业革命的发展起着举足轻重的作用。

在工业革命时代，数字技术的每一次进步，都将人类劳动生产力提升到一个新的高度。19世纪末出现的工业产品标准化，20世纪60年代的计算机和80年代的互联网以及之后的移动互联网，无疑都是人类在“数字化”道路上的重要里程碑。

“数字化”思维也一直伴随着工业革命进程，成为现代管理理论和实践的重要组成部分。

威廉·爱德华兹·戴明（William Edwards Deming，1900—1993）被称为20世纪的质量管理之父。他因对工业化革命时代的质量管理发展做出的卓越贡献享誉全球。以戴明命名的戴明品质奖，至今仍是日本品质管理的最高荣誉。作为质量管理的先驱，他将数字化（统计学和抽样理论）的理念和方法运用于企业质量管理实践，对国际质量的管理理论和实践产生了深远影响。作为世界著名的质量管理大师，戴明一生著述颇多，其中半数以上侧重在统计学。戴明善于利用数字化的方法，帮助企业用最经济的手段制造最优质的产品。戴明强调，如果企业以“品质为王，注重改进产品质量，企业效益就会大大提高”。彼得·德鲁克曾赞誉戴明是世界著名质量管理大师，他对日本和美国都产生了难以估量的影响力。

大家熟知的质量控制法“六西格玛”[1]，正是在戴明的质量管理的数字化思维基础上发展起来的。第二次世界大战（简称二战）结束后，全球各国都在加速工业化进程，当时企业面临的最大挑战是企业如何提高产品质量。戴明提倡企业管理者利用数字化手段来提高产品质量，对产品进行抽样调查，严格控制产品之间的质量差异。西格玛（Sigma，也就是统计学中的

[1] 六西格玛概念于1986年由摩托罗拉公司的比尔·史密斯（Bill Smith）提出，20世纪90年代中期被通用电气公司（GE）从一个简单的质量管理方法演变成为一个高度有效的企业流程设计、改善和优化的全面管理技术。作为一种统计评估方法，它的核心是追求零次品率生产，降低成本，提高顾客满意度和忠诚度。

标准差，一个反应数据集离散程度的统计学指标）因此被戴明推广并广泛使用在工厂的质量管理中。举例来说，如果工厂需要生产100万颗直径5毫米的螺丝钉，当误差正负在0.01毫米之内，可视为质量合格，否则视为次品。企业（管理者、技术人员和流水线工人）可以通过对生产的螺丝钉进行抽样调查并计算其西格玛（标准差），来判断全部螺丝钉中有多少颗螺丝钉质量不合格。当一批产品的质量误差率很低时，大部分样本分布接近设计标准，此时若控制样本分布在5毫米左右，也就是六西格玛区间之内，大规模的产品质量便可以保证。采用“六西格玛”的品控方法，可帮助企业不断改进产品质量，其目标是将误差率控制在六西格玛（百万分之3.4的次品率[1]）的水平之下。

二战后，日本积极从美国引入质量管理理念。戴明曾多次去日本传授质量管理思想，对包括电气和汽车在内的日本多个行业的产品质量提升和社会效益的提高产生了深远影响。以质量管理著称的日本丰田汽车公司，曾于1965年获得戴明质量奖。戴明的数字化管理理论和实践，“奠定了（丰田汽车）公司发展的基础，我（丰田达郎，丰田汽车公司前CEO）确

[1] 六西格玛的质量水平意味着合格产品率为99.999 66%，也就是说，100万件产品中只有3.4件是不合格的。

信戴明强调质量控制的理念和理论对所有时代的人都是非常实用的。”

美国福特汽车公司前董事会主席及CEO唐纳德·彼得森(Donald Peterson)也对戴明有过这样的评价：“我邀请戴明博士帮助福特规划、完善和实施了一系列计划，以完成在工人团队协作和提升我们的产品质量上的重大改善……在这些努力下，福特取得了重大成功，我认为我们的进步中，戴明是一个关键因素。”

一般认为，企业大规模运用数据进行商业分析始于20世纪50年代中期，当时企业已经开始收集和分析大量数据来辅助决策。之后随着计算技术、数据仓库和分析工具的不断发展，生产、库存、销售和财务的数据被收集、整合和分析，管理者第一次可以通过数据分析来深入理解重要的商业现象，不是仅凭直觉进行决策。早期的商业分析集中在分析企业自身运营数据上，对客户了解甚少，分析也多停留在描述过去所发生过的事情上，分析还无法解释过去（即，无法识别复杂因果关系），更没能力预测未来。企业管理者虽然都会有这样的常识：企业的核心竞争优势应来自更有效的运营，也就是在关键节点上作出更好的决策，从而提高公司业绩，但同后期的商业分析时代（尤其是21世纪初开始到大数据时代）截然不同，那时企业还没有把“分析”视为竞争优势的来源。

机器和人工智能

第一次工业革命始于18世纪下半叶，历时近100年。推动这次工业革命的关键因素是蒸汽机的发明。蒸汽机技术的发明和广泛应用，使得机器动力逐渐取代了人力，人类由此进入大规模机器生产时代。最具代表性的，是1789年珍妮纺纱机的诞生和铁路建设的兴起[1]。

第二次工业革命从19世纪延续到20世纪中叶。电力的出现和广泛应用是推动这次工业革命的核心技术。电力的出现引发了一系列技术发明，包括1866年德国西门子公司研制的发电机和1870年比利时人格拉姆（Gelam）的电力发动机，由此电力逐渐替代了蒸汽动力作为新的动力来源，人类跨入了电气时代。电力技术的出现和发展极大地推动了生产力的提高，随着企业生产规模的不断扩大，1913年诞生的以福特汽车流水线为代表的工业流水线，给当时的制造业带来了突破性的变革。

---

❶ 英国曼彻斯特兰开郡纺织工哈格里夫斯发明珍妮纺织机。几年后，英国第一家棉纺厂在曼彻斯特诞生，加工来自全球各地的棉花。最早的纺织机由水力驱动，直到1789年曼彻斯特纺织工厂开始装备蒸汽机。1830年，从利物浦到曼彻斯特的铁路建成，这一年，曼彻斯特的棉纺厂多达9家。1853年，曼彻斯特由“镇”改成“市”之后，曼彻斯特人口增长很快（钱乘旦，许洁明.英国通史[M].上海：上海社会科学院出版社，2007）。

第三次工业革命始于20世纪中叶。这次工业革命是在计算机和网络通信技术的基础上发展起来的。同过去相比，第三次工业革命的特点是：机器远远不只是替代人类繁重的体力劳动的工具，它通过“信息”逐渐将机器与机器、机器与人、人与人紧密地联系在一起。

如果说目前正在进行的数字化变革是第四次工业革命的开始的话，这次革命是在数字技术的基础上发展起来的，它使得机器、人和社会的互联方式变得规模更大、范围更广、速度更快、内涵也更为丰富（见表1–1）。

表1–1　四次工业革命的时间和特点

工业革命	年　代	代表性技术	应用举例
第一次	18世纪60年代—19世纪40年代	蒸汽机技术	纺织业的机械化、蒸汽机、铁路建设、规模化工业产品和服务
第二次	19世纪60年代后期—20世纪中叶	电力技术	发电机、汽车、福特汽车流水线、电报和电话、公用事业
第三次	20世纪中叶—21世纪初	电子计算机、互联网、航空和核技术	计算机、互联网、企业信息化管理系统
第四次	21世纪初—至今	移动互联网、机器学习、机器人技术、量子信息技术、5G（5th-Generation）通信	大数据、智能产品和服务、数字媒体、自动驾驶、无人机、物联网

20世纪中叶至今的若干重大科技发展顺序如图1–2所示，图中列举的众多重大科技发展项目中，人工智能是当前企业管理者应重点关注的领域。人工智能技术近年来取得了突飞猛进的发展，机器的“聪明”程度颠覆了我们以往对机器智力水平的认知。麻省理工学院（Massachusetts Institute of Technology，MIT）的埃里克·布莱恩约弗森（Eric Brynjolfsson）和安德鲁·麦卡菲（Andrew McAfee）两位教授称目前以数字技术为基础的变革为“第二次机器革命”。两位教授认为：当今世界正处在一个重要的拐点，人工智能正将人类从脑力劳动中解放出来[1]。

1950年，英国数学家艾伦·图灵（Alan Turing）在他发表的一篇文章中提出了一个简单的问题：“机器能思考吗？”图灵想象了一个场景，计算机在同人的对话中，哄骗人相信它也是人。图灵想象的这个场景也被后人称为“图灵测试”（Turing Test），成为判断一台机器是否真正具有“智能”的一个测试手段。

---

❶ Eric Brynjolfsson, Andrew McAfee. The Second Machine Age: Work, Process, and Prosperity in a Time of Brilliant Technologies[M]. London: W. W. Norton & Company, 2014.

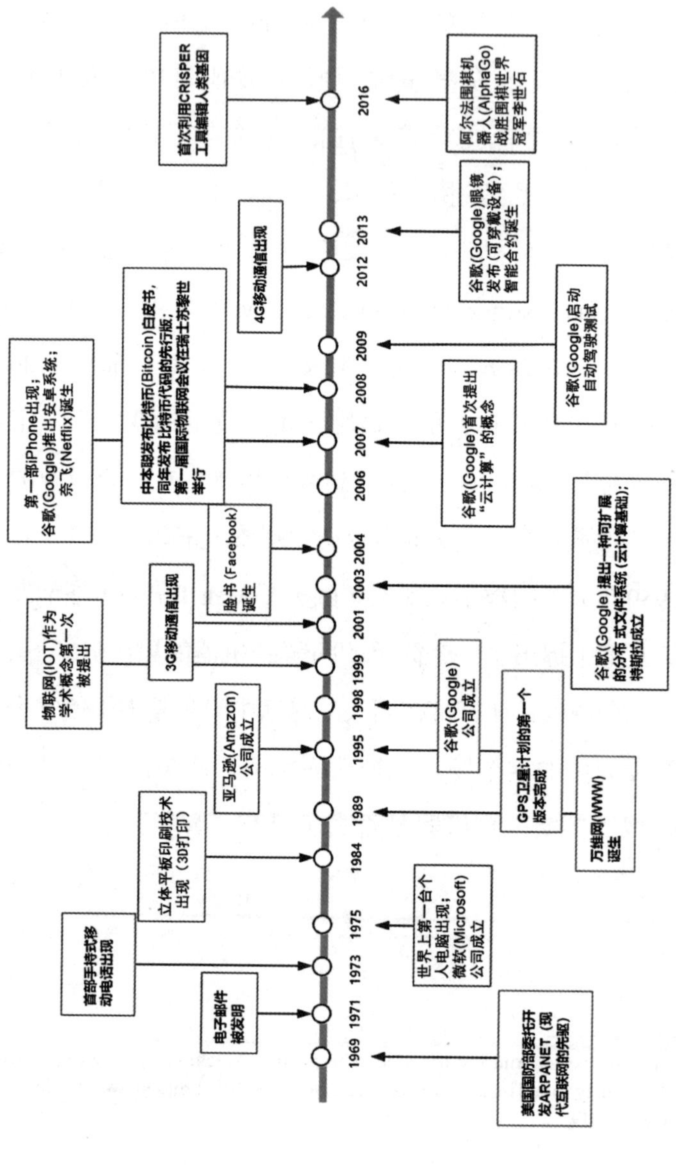

图1-2 20世纪中叶至今的若干重大科技发展时间轴

事实上，在1950年图灵提出“图灵测试”概念之前，二战期间的盟军就曾尝试过用无人机轰炸德军军事基地。1944年8月，盟军决定对在法国米摩耶克斯堡（Mimoyecques）的德国大型地下军事基地进行空袭。盟军认为该德军基地正在研制可能对伦敦发起毁灭性攻击的超级火炮（火炮全长150米，射程达到300千米）。盟军曾对该基地进行过多次轰炸，但因为基地深藏在山底下，一般的轰炸机携带的炸药不足以摧毁该基地。为了携带更多炸药进行有效轰炸，盟军将一架PB4Y-1“解放者”轰炸机改装成能装多达10吨炸药的“无人机”：机舱内部所有不必要的设备全被拆除，并装载了一个无线电遥控系统和一对摄像头（摄像头分别显示驾驶舱的仪表盘和飞机正前方视野）。由于当时无线电遥控的距离非常有限，必须有一架由人驾驶的飞机和无人机一起起飞，通过无线电遥控系统，控制无人机的飞行。但是无人机无法自动起飞，需要飞行员把无人机飞上天。在激活遥控系统后，驾驶无人机的飞行员即可跳伞，无人机将由伴行的另一架飞机遥控飞行，目的是遥控无人机能精准地对德军基地进行“自杀式”俯冲，一举炸毁德国这一重要地下军事基地。这是一次十分危险的行动，驾驶无人机起飞的飞行员是小约瑟夫·帕特里克·肯尼迪（Joseph

Patrick Kennedy）[1]。非常遗憾的是，肯尼迪驾驶的无人机起飞不久因故障在英国上空爆炸，肯尼迪和副驾驶员当场身亡。盟军这次使用无人机的军事行动以失败告终。

1956年，被后人称为“人工智能教父”的约翰·麦卡锡（John McCarthy）首次提出了“人工智能”（artificial intelligence, AI）一词[2]。当时麦卡锡与同事在美国的达特茅斯学院（Dartmouth College）召开了一个主题为“用机器来模仿人类学习及其他方面智能”的学术研讨会。这次研讨会在人工智能的研究目标上达成共识：“想办法让机器使用语言，形成抽象的概念来解决目前只有人类可以解决的各种问题，并让机器具备自我改进的能力[3]。”

到了20世纪60年代中期，学者和科学家们对人工智能的前景信心十足。赫伯特·西蒙（Herbert Simon，1916—2001）[4]宣称“机器将在20年内胜任人类能做的任何工作”。那时有几

---

❶ 美国第35任总统约翰·肯尼迪（John Fitzgerald Kennedy）的哥哥。1915年7月25日生于马萨诸塞州布鲁克莱恩，毕业于哈佛，1942年加入美国海军，成为一名飞行员。

❷ Stanford University: Standard One Hundred Year Study on Artificial Intelligence (A. I. 100), https://ai100.stanford.edu.

❸ Kaitik Hosanager. A Human's Guide to Machine Intelligence[M]. New York: Penguin Random House LLC, 2019.

❹ 西蒙曾执教于美国卡耐基梅隆大学（Carnegie Mellon University）。1978年，他因“对经济组织内的决策程序锁进行的研究”而获得诺贝尔经济学奖。

种不同的人工智能系统构建方式，一些研究者（包括西蒙）采用依赖逻辑规则的方法（rules of logic）；另外一些研究者利用统计方法（statistical technologies），通过数据来推断各种事件发生的概率；还有一些研究以神经网络（neural network）为基础。神经网络是一种能模拟人脑的神经元素来获取新的知识或者验证现有知识的技术。1969年，人工智能著名学者马文·明斯基（Marvin Minsky）和他的同事西蒙·派珀特（Seymour Papert）出版了一本名为《感知器》（*Perceptrons*）的书籍。书中列举了神经网络的众多局限性，加上当时的计算机运算能力和数据量还远远不能支持构造神经网络这类非常复杂的系统，当时的神经网络方法并不成功，无法赋予计算机真正意义上的“自我学习”的能力，逐渐从人工智能领域淡出。

进入21世纪后，计算机的运算速度大幅提高，同时，数据量呈现爆炸式增长（见图1-3）。根据国际数据公司（International Data Corporation，IDC）的估算，全球数据总量预计2020年将达到44 ZB[1]，也就是说，在2020年，平均每人

---

[1] ZB（Zettabyte）是计算机术语，代表的是10亿亿字节。1 ZB=1 024 EB（Exabyte）=1 024^2 PB（Petabyte）=1 024^3 TB（Terabyte）=1 024^4 GB（Gigabyte）=1 024^5 MB（Megabyte）=1 024^6 KB（Kilobyte）。

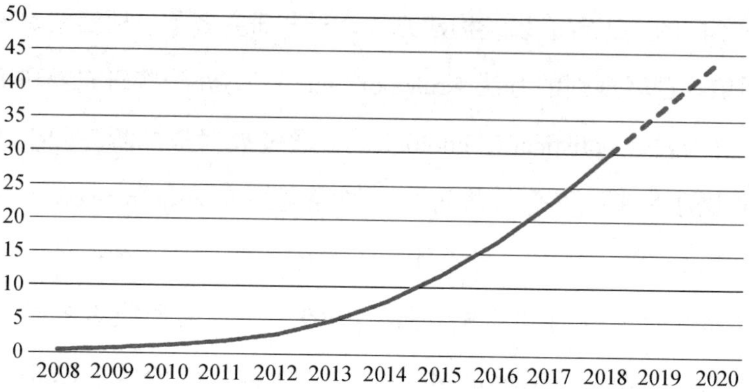

图 1–3　每年全球产生的数据量（ZB）

资料来源：国际数据公司（IDC）。

产生近5 000 GB的数据。

计算机运算速度的显著提升和数据量的快速增长极大地推动了人工智能的发展，尤其是机器学习、自然语言处理和模式识别这三个人工智能的分支领域的发展迅猛。图1–4展示了人工智能中一些热点算法之间的关系。

近年来，深度学习（deep learning），一种基于神经网络的算法，更是突飞猛进。虽然神经网络的基本构架在20世纪60年代就已经被提出，近年来越来越强大的计算能力和大量的数据积累使科学界和企业界对神经网络的热情再度被掀起，以深度学习为代表的神经网络算法成为人工智能领域“出镜率”最高的算法。

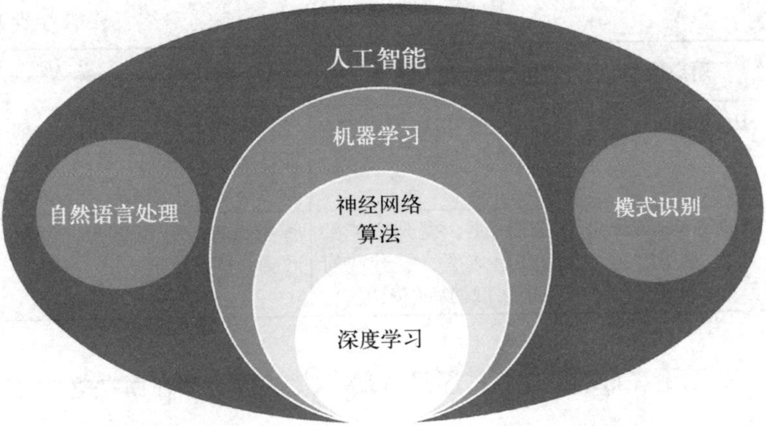

图1-4 几种重要人工智能算法之间的关系

近年，人工智能正处在快速发展的阶段，人工智能开始在产业中得到越来越广泛的应用。根据2018年德勤《中国人工智能产业白皮书》的数据，用户对人工智能的需求特点如表1-2所示。

表1-2 用户对人工智能的需求特点

用户类型	用户需求特点	落地和应用举例
C（customer）端用户	在健康、娱乐、出行等生活场景中提供更便捷和智能化的产品和服务，提供更好的用户体验	智能音箱、智能家居、智能手环、虚拟现实技术（virtual reality, VR）、增强现实（augmented reality, AR）、无人驾驶汽车、打车软件

（续表）

用户类型	用户需求特点	落地和应用举例
B（business）端用户	降低生产和服务成本，提高企业效率	流程自动化、工业机器人、智能客服、物联网、智慧物流、智慧商业、工业4.0、智能4.0
G（government）端用户	关注民生、提升职能部门办事效率、提升政府效率、推动城市发展	智慧医疗、智慧城市、智慧政务、智慧交通

无论在C端、B端，还是G端，人工智能都在解决客户需求方面开始发挥重要作用。目前，人工智能应用的重点在解决政府和行业痛点上（见表1–3）。

表1–3　人工智能如何解决政府和行业痛点

	痛　点	部分人工智能解决方案
政　府	• 城市人口数量日趋庞大，相关的政府服务工作量巨大而且烦琐 • 犯罪、恐怖袭击事件无法提前预知	• 利用计算机视觉、机器学习等技术提高自助服务比例 • 大数据分析犯罪嫌疑人生活轨迹及可能出现的场所，利用计算机视觉技术发现并进行抓获
金　融	• 金融机构面临运营成本压力 • 金融机构无法为长尾客户提供定制化产品和服务 • 信贷维度较为单一，存在坏账、交易欺诈等金融风险	• 利用语音识别、语义理解等技术打造智能客服，解决用户在业务上的问题，降低客服成本 • 利用大数据、人工智能技术开发智能投顾，向更多客户提供个性化服务 • 人工智能与大数据相结合构建智能风控体系、多维度数据综合评估、提升风险管控能力

（续表）

	痛　点	部分人工智能解决方案
医疗	• 医疗资源不均衡造成的资源配给跟不上需求 • 看病贵，看病时间长 • 医患关系紧张、误诊 • 基层卫生医疗水平差	• 智能影像可以快速进行癌症早期筛查，帮助患者更早发现病灶 • 健康管理通过移动端、智能设备接入健康医疗，从源头改变人们的健康习惯
交通	• 车祸频发 • 人类的注意力有限 • 货运交通成本高	• 无人驾驶通过传感器、计算机视觉等技术解放人的双手和感知。以上技术支持的共享出行和无人物流将极大提高个人出行和物流效率
零售	• 传统市场调研手段难以显示真实的消费者需求 • 广告投放目标无法精确，投放效果难以准确衡量 • 消费者对实店内体验、支付便捷、及时配送的要求越来越高	• 利用机器学习技术生成用户画像，针对其喜好进行广告投放 • 利用机器视觉技术捕捉顾客行为，分析其真实需求 • 利用计算机视觉、语音/语义识别、机器人等技术提升消费体验
制造	• 产品研发设计耗时长、成本高 • 人力工序失误率高而且过程难以追溯 • 人力实现大规模快速定制化的成本过高 • 低成本劳动力缺乏	• 利用计算机视觉技术，高效准确地发现瑕疵品 • 机器人代替工人在危险场所完成工作

资料来源：2018年德勤发布的《中国人工智能产业白皮书》。

人工智能是否会替代人类

要回答这个问题，首先需要了解目前人工智能到底聪明到什么程度。换句话说，人工智能究竟能完成哪些工作。

本书从技术和商业应用两个视角来回答这个问题。

（1）技术的视角。戴尔伯特（Dareport）和科比（Kirby）的文章《机器究竟能有多么聪明？》[1]总结了目前人工智能的发展状况（见表1–4）。从技术角度考察人工智能，作者根据工作任务所对应的"难度等级"，将工作任务由低到高分为四个类别：辅助性工作，可被自动化取代的重复性工作，情景感知和自我学习，自我认知。从表1–4中可以看出，在分析数据和文字图像方面，人工智能产品已经可以完成前三类智力水平的工作任务（辅助性工作、可被自动化取代的重复性工作、情景感知和自我学习）。但在处理数字化任务方面，目前的人工智能产品仅能完成前两类工作任务（辅助性工作、可被自动化取代的重复性工作）。在处理实体任务方面，同分析数据和文字图像一样，也能完成前三类工作任务。但无论哪种类型的任务，人工智能产品都无法完成对"智力水平"要求最高的工作任务（自我认知）。

[1] Thomas Dareport, Julia Kirby. Just How Smart Are Smart Machine?[J]. MIT Sloan Management Review, Spring, 2016: 21–25.

表1-4 人工智能的智力水平

任务类型	辅助性工作	可被自动化取代的重复性工作	情景感知和自我学习	自我认知
分析数据	商业智能，数据可视化，假设推动分析	流程分析、打分、模式管理	机器学习、神经网络	尚未有
分析文字和图片	角色和语音认知	图像认知、机器视觉	IBM、沃森（Watson），自然语言生成	尚未有
完成数字化任务	商业流程管理	规则引擎、机器人流程自动化	尚未有	尚未有
完成实体任务	远程设备操作	工业机器人、机器人协作	自动化机器人，自动化交通工具	尚未有

根据德勤《2018年技术趋势报告》，人类和机器在能力的不同领域（从基本技能到社交能力）各有优势（见图1-5）。

目前，尚无足够证据证明人工智能可以通过图灵测试。肯·戈德堡（Ken Goldberg）在接受弗里达·克洛茨（Frieda Klotz）采访时认为："从这个意义上来说，人类从未造出过智慧机器。我们已经努力了60年，但是仍然没有。人工智能的发展让人很兴奋，但是人与机器的边界还同10年前一样，并没有被打破[1]。"

[1] Ken Goldberg, interviewed by Frieda Klotz, "How AI Can Amplify Human Competencies?" 2018.Goldberg是美国加州大学伯克利分校工业工程和运筹学系的教授和系主任，Klotz是《麻省理工斯隆管理评论》的评论员。

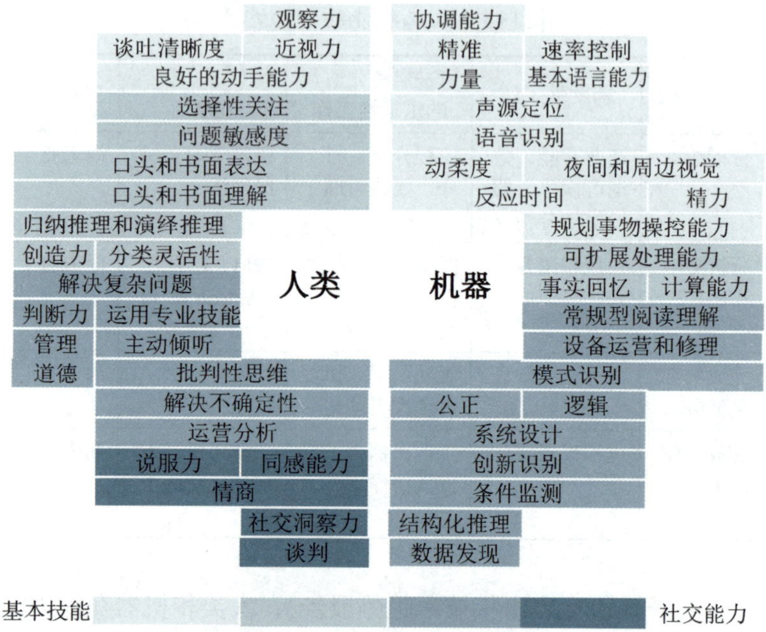

图 1–5　人和智能机器能力图谱

（2）商业应用。如果从应用视角考察人工智能，人工智能目前可以落地三个重要的商业场景：机器人流程自动化（robotic process automation, RPA）、数据分析洞见以及与员工和客户进行交流[1]。① RPA 技术可帮助企业实现网络及现实任务（通常是行政事务和财务方面）自动化。RPA 的应用场景包

[1] 托马斯·达文波特（Thomas Davenport），拉杰夫·罗南基（Rajeev Ronanki）. 真实世界中的人工智能 [J]. 哈佛商业评论中文版，2018(2).

括：把客户数据从电子邮件和呼叫中心系统转入记录系统（如地址变更）；更新挂失的信用卡和银行卡信息；“阅读”法律和合同文档，运用自然语言处理提取其中的条目信息。② 数据分析洞见是运用算法在大量数据中寻找规律并进行解读，如预测某位特定客户可能会购买什么产品和实时识别信用欺诈和保险索赔欺诈。③ 聊天机器人通过自然语言处理、智能代理和机器学习等技术可以与员工和顾客交流。例如，先锋集团（Vanguard）使用机器智能代理解答客户的常见问题；瑞典的SEBank银行和美国医疗科技巨头BD（Becton Dickinson）公司用智能仿人代理阿米莉娅（Amelia）为内部员工提供IT支持。

人工智能支持的上述三个商业场景可以大大提高人类的工作效率，从而使人类工作者拥有更多时间去完成那些机器尚无法完成的任务（如需要运用情感、社交技能和情商来处理的任务）。例如，零售银行客户的大量工作都可由智能交易系统完成，这样银行工作人员将会有更多时间与客户交流、为客户提供建议，并销售产品。

在这里，我强调，即使像RPA这种可由智能机器人“程序化”操作的工作，有时仍需人类和机器配合共同完成。以金融公司追加保证金RPA系统为例，图1–6列出了完成金融公司追加保证金任务的具体步骤，其中深蓝色部分可以用人工智能算法（机器学习，machine learning, ML；自然语言生成，natural language processing, NLP）进行处理，机器人可以完成蓝色部分的工作，而浅蓝色部分工作必须由人来完成。由此可见，虽然人工智能算法和机器人已经替代了多数人类工作，仍有部分工作，是人工智能算法和机器人无法替代的[1]。

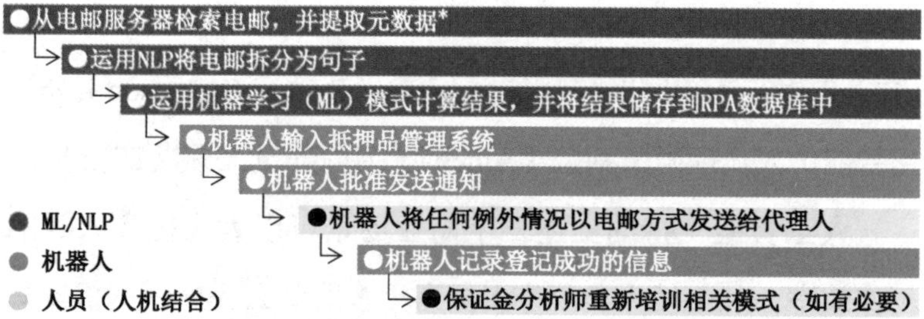

图 1-6　金融公司追加保证金 RPA 系统

注：元数据（metadata）是描述其他数据的数据，或者说是用于提供某种资源的有关信息的结构数据。

今天，以人工智能为代表的数字技术和人类的协作比以往任何时候都更加密切，人工智能会成为许多工作的执行者，并从根本上改变工作的完成方式。当人类和人工智能合作的时

[1] 2017年德勤《全球人力资本趋势报告》的一项调查访问了140多个国家的1万多名人力资源高管，仅有20%的受访者表示他们会削减员工的工作岗位数量。

候，企业才能够获得最大的绩效提升。表1-5列出了人机协作改善商业流程的五个特性[1]。

表1-5 人机协作改善商业流程的五个特性

灵活性	自动化制造	梅赛德斯奔驰	机器人辅助人类完成组装，实时定制汽车
	产品设计	欧特克	在设计师调整诸如材料、成本和性能要求之后，软件为之提供新产品设计概念
	软件开发	Gigster	AI帮助分析不同规模和复杂性的软件项目，帮助人类快速预计工作量，组织相关专家，调整实时工作流
速　度	欺诈识别	汇丰银行	AI筛查所有信用卡及借记卡交易，执行合法交易，标识问题交易，交由人类评估
	癌症治疗	罗　氏	AI从分散的IT系统中聚合患者信息，加快不同医生之间的协作
	公众安全	新加坡政府	在公共活动中通过视频分析技术预测群体行为，帮助相关人员快速解决安全事故
扩展性	招　聘	联合利华	机器筛选申请者，极大地提高了合格的面试者数量，招聘经理可以从中选择
	客户服务	维珍铁路	由机器处理基本的客户问题，工作量提升一倍，人类省出时间处理更加复杂的问题
	赌场管理	GGH Morowitz	机械视觉系统帮助人类持续监测赌场的每个牌桌

❶ 詹姆斯·威尔逊（James Wilson），保罗·多尔蒂（Paul R. Dauqherty）. 协作智能：人机合作新模式[J]. 哈佛商业评论，2018，(7): 109-117.

（续表）

决策流程	设备维护	通用电气	“数字双胞胎”和Predix诊断程序提供机器维护相关的技术支持，并给出针对性建议
	金融服务	摩根士丹利	基于实时市场信息，机器顾问为客户提供一系列投资选择
	疾病预测学院	西奈山伊坎医学院	Deep Patient系统帮助医生预测病人罹患某种疾病的风险，从而进行预防性干预
定制化	客户体验	嘉年华公司	可穿戴AI设备优化邮轮活动的后勤工作，预测顾客偏好，以便员工提供定制化服务
	医疗	辉瑞制药	通过可穿戴感应器，全天候追踪帕金森患者，从而提供定制化治疗方案
	零售时尚	Stitch Fix	AI分析顾客数据，辅助人类造型师，给予顾客定制化的着装及造型建议

毫无疑问，有些人类工作岗位会被人工智能替代。就目前而言，最不容易被人工智能替代的岗位是那些需要自我认知能力的工作。有些非常复杂的脑力劳动，虽需要非常强的专业技能，但不一定需要很强的自我认知能力，如律师工作，很有可能被人工智能替代。根据麦肯锡（McKinsey）的估计，在2016年有超过1 300 000名注册律师（占律师人数的22%）和200 000律师专职助手（占律师专职助手的人数的35%）的工作可以被人工智能所替代[1]。实际上，我们已经看到，Watson

[1] Eric Winick. Lawyer-Bots Are Shaking Up Jobs[J]. MIT Technology Review, 2017, (12).

在某些方面做的已经能同一些医生、律师和分析师相媲美。有趣的是，一些简单的体力劳动，“如在建筑工地或街上捡垃圾，可能不会消失”。正如哥伦比亚商学院的伯德·施密特（Bernd Schmitt）教授在接受《麻省理工斯隆管理评论》（*MIT Sloan Management Review*）的采访时所说，对机器而言，在建筑工地或街上捡垃圾要比一些医生和法律工作复杂得多[1]。

机器能否替代人类工作，不仅仅依赖人工智能能帮助人类完成哪些任务。另一个重要影响因素是使用智能机器的成本是会否低于人类劳动力成本。麦当劳（McDonald's）前CEO爱德华·伦西（Edward Rensi）在2016年曾表示，如果美国政府提高最低工资标准，会导致一些公司使用机器人代替人工，从而导致更多失业。伦西对福克斯商业新闻网（Fox Business Network）表示：“如果在美国全国范围内的最低工资达到每小时15美元，失业潮将会随之而来。虽然难以置信，但这就是事实。花35 000美元买一个机械臂比每小时花15美元雇一个人包装薯条更划算，而且更有效率。”

事实上，历次重大技术的变革和发展都会对人类劳动力

---

❶ Frieda Klotz, “Are You Ready For Robot Colleagues?” MIT Sloan Management Review, Summer, 2016.

分工和市场结构产生深远影响，甚至会颠覆社会对劳动的意义和内涵的认知。在19世纪的第一次工业革命开始时，纺织工人担心自己被机器取代，用铁锤砸毁机器设备；当汽车刚诞生时，被限制速度不能快过马车。约翰·凯恩斯（John Maynard Keynes）早在1930年谈到技术对失业率的影响时，就曾经预测过到2030年左右（我们已很接近这个年代——本书作者注），生产力已经达到相当水平，足以满足人类的基本生活需求，但机器人会抢夺人类的工作，虽然还有很多工作需要由人来完成，但是留给人类的机会会越来越少。当时凯恩斯把这种现象称为“由技术引起的失业（Technological Unemployment）”。

我认为，对企业管理者来讲，目前最重要的任务不是讨论哪些工作岗位会被人工智能取代，而是需要做好两项工作：① 加强员工的数字化能力，适应企业数字化转型的需要；② 积极拥抱人机合作新模式，最大化人机协作优势。本书后续章节将对数字化团队和文化建设及有关“机器人员工”和“机器人经理”等数字化时代的管理新问题有详细的讨论。

第2章

数字化变革

被数字化的商业（模式）

如第1章阐述，技术进步对社会、经济和商业发展会产生深远的影响。为了更好地了解过去近100年来技术带来的影响，我针对14个不同领域，回顾了部分颠覆性技术和颠覆性商业模式。在表2–1中，将这些颠覆性技术和颠覆性商业模式按时间顺序分别列在三个不同时间段（20世纪前、20世纪和21世纪）内，同时，为强调起见，对数字技术和相关商业模式用粗体进行了标注。

综合表中的结果，总结出如下几点：

第一，技术进步会带来产业颠覆性变革。例如，零售行业曾经历了两次重大变革，颠覆性商业模式和颠覆性技术分别是两次变革背后的主要推手。第一次变革始于20世纪中叶，以沃尔玛（Walmart，1962年成立）、梅西百货（Macy's，1924年成立）和西尔斯百货（Sears，1884年成立，1925年开始经营百货商店）为代表的大型连锁商店，凭借为顾客提供便捷、多品类、标准化的一站式服务，一举取代了大量传统的街边和社区小店。第二次变革发生在20世纪末到21世纪初的信息时代，随着互联网和供应链的飞速发展，零售行业再次被电子商务所颠覆。以亚马逊（Amazon，1995年成立）为代表的电子商务平台开辟了网上购物先河，仅用了十几年时间就了颠覆了传统线下大型连锁商店的统治地位。从2008—2017年的10年间，梅西百货总资产下降了11.4%；拥有131年历史的西尔斯百货蒸发了超过60%的总资产，于2017年宣告破产；沃尔玛背水一战，开辟线上业务，打造新型零售模式；亚马逊则一路高歌，2018年营业收入近1 800亿元人民币，在2018世界品牌500强榜单中排名第一。

第二，技术进步推动商业模式创新。以公共出行和酒店行业为例，优步（Uber）通过建立物联网信息平台实时匹配顾客需求和空车供给，爱彼迎（Airbnb）利用类似的技术实现宾馆住宿行业的资源共享。基于共享经济的商业模式，实现了“物”和“信息”的实时和准确的结合。

第三，技术进步催生新产业、新产品和新服务。以产业为例，20世纪60年代无线射频识别技术（radio frequency identification, RFID）和互联网技术催生了信用卡的诞生。而今天，近场通信技术（near field communication, NFC）和二维码（quick response code）等技术赋予智能手机更强大的支付功能，消费者无须卡片就可以在智能手机上显示第三方支付二维码或开启NFC功能进行移动支付。在新产品和新服务方面，亚马逊Echo智能音箱、人脸识别门禁、人脸识别支付、虚拟现实眼镜等全新智能产品正在改变人类生活；“智能投顾”和“智能客服”24小时为客户提供个性化的各类服务。

第四，技术进步改变客户消费行为和消费方式。这方面的例子举不胜举：网上购物带来了消费理念、消费行为和消费方式的变化；优步开启了崭新的共享出行模式；移动支付让社会进入“无卡、无现金时代”。

第五，技术进步改变商业逻辑。以往企业主要关注产品与服务的设计、生产和交付，企业的主要利润来源是产品销售和售后服务。今天，企业开始致力于解决客户和社会关注的各类问题，形成解决方案。换句话说，企业更关注两个根本性问题：① 我们要为哪些人解决哪些问题？② 如何利用新技术更有效地解决这些问题？以特斯拉为例，它的关键点不是将计算机软件和云更好地运用在汽车行业，特斯拉电动汽车背后的商业逻辑是加快世界向可持续能源转型。“特斯拉的长期愿景是解决那些处于行业交叉点上的问题——能源、交通、出行以及驾驶舒适性。它摆脱了传统行业边界、产品、服务定义或盈利模式的限制，以强大的数字技术实现最具雄心的使命。[1]”

---

❶ [美] 文卡·文卡查曼（Venkat Venkatraman）. 数字化决策[M]. 谭浩，译. 广州：广东人民出版社，2018: 102-107.

表2-1　颠覆性技术和颠覆性商业模式

领　域	20世纪前	20世纪	21世纪
汽　车	1886年，卡尔·本茨发明第一辆内燃机汽车“奔驰一号”（随后打败没有高性能电池的电动汽车获得普及）	1997年，丰田首次推出混合动力汽车（普锐斯PRIUS Hybrid）	• 2008年，特斯拉生产出第一辆可量产的电动汽车 • 2012年5月8日，美国内华达州机动车辆管理部门为谷歌的**自动驾驶**汽车颁发了首例驾驶许可证
支　付	• 公元前1100年，中国出现圆形现金货币（贝壳） • 公元前600年，金属硬币在阿纳托利亚诞生	1966年，英国巴克莱银行发行第一张**信用卡**	• 21世纪初，电子商务促进了网上支付，诞生了一批**第三方支付**公司：贝宝（Paypal）、支付宝、微信 • 1993年智能手机发明之后，产品更新迅速，令使用率迅速攀升，因此出现更为便利的**移动支付**方式：苹果支付（ApplePay）、谷歌钱包（Google Wallet）
普通投资者投资方式	15和16世纪，在荷兰和比利时首先出现股票市场的雏形。普通投资者委托证券公司等金融机构的投资顾问进行资产投资	自己在金融机构的**电子交易平台**操作	2008年，出现第一个公开的**智能投顾软件**，许多金融公司转型成为金融科技公司（高盛、平安）

（续表）

领　域	20世纪前	20世纪	21世纪
医疗健康	• 医生通过技术获得更多病人的信息帮助诊断 • 1816年，听诊器发明，医生通过声音、外表、患者描述等进行诊断 • 1895年，首次使用X光辅助诊断	**机器人进行手术** • 70年代，电子计算机断层扫描（Computed Tomography, CT）和核磁共振扫描人体的图像出现 • 2000年，第一例机器人腹腔手术由美国食品药品管理局批准	**人工智能诊断** • 2016年，首例人类基因编辑实验被美国国立卫生研究院通过 • 机械仿生手臂、3D打印器官等器官移植技术诞生 • 可穿戴设备实时监控人体健康，人工智能分析电子化病例帮助诊断更加精确
媒　体	纸媒：报纸、书刊、杂志	**多媒体**：电视、电影 • 1895年，卢米埃兄弟发明电影 • 1954年，美国德克萨斯仪器公司研制出第一台全晶体管电视接收机	• 互联网上基于用户关系的内容生产与交换平台**社交媒体**：脸书（Facebook）、照片墙（Instagram）、微信 • 采用流式传输，用户可以实时接受数据的**流媒体**：奈飞公司、亚马逊、迪士尼
零　售	街边和社区小店	• 超市：沃尔玛，好市多 • 百货：梅西百货，西尔斯百货	互联网兴起带来**电子商务**热潮：易贝（eBay），亚马逊，淘宝。线上交易颠覆了线下交易的模式

（续表）

领　域	20世纪前	20世纪	21世纪
影　像	• 胶卷摄影：柯达 • 即时摄影：宝丽来	现代相机：徕卡、尼康、佳能	**数码相机**、**智能手机**自带摄影摄像功能颠覆了现代相机。
农业生产	人工耕作	• 机械化耕作（拖拉机等）及自动化耕作 • 化学农药防治虫害：孟山都、拜尔	美国农业微生物科技企业Indigo Ag利用微生物处理种子，减少环境污染。同时搭建数字平台使农民和买家直接联系，被称为“**农业革命2.0**”
租车服务	1897年，计里程的出租车诞生	1970年，美国租车公司赫兹（Hertz）成立赫兹数据中心，在世界范围内提供一年365天、一天24小时的**在线租车**服务	**共享交通** • 2010年，优步推出第一款App，建立平台帮助需要打车的乘客和空闲的私家车司机互相匹配 • 2012年，东南亚打车租车服务供应商Grab以提供本地化的出行定制服务为目标而成立，之后拓展到拼车服务、食品配送等领域 • 2012年，嘀嘀打车（滴滴出行前身）成立，提供在线预约出租车服务，随后推出拼车服务等

（续表）

领域	20世纪前	20世纪	21世纪
酒店	1829年，世界上第一家现代酒店Tremont Hotel成立	1952年，汽车旅馆在美国诞生	2008年，**共享民宿**爱彼迎（Airbnb）成立，建立平台联系有空闲房源的房东和需要短期住宿的客人
电子计算机	算盘，计算尺	• 世界上第一台**通用计算机**“ENIAC”于1946年2月14日在美国宾夕法尼亚大学诞生 • Toshiba T1100由东芝公司于1985年推出，被很多人视为笔记本电脑的“鼻祖”。1989年9月，苹果公司推出了第一款**笔记本电脑** • 1995年，ThinkPad 760cd面世，它是世界上第一款**支持多媒体的笔记本电脑**，这意味着笔记本电脑从纯商用开始走向普通大众	• **掌上数字平台**：多功能的智能手机 • **可穿戴电子设备**：苹果手表（Apple Watch）

（续表）

领　域	20世纪前	20世纪	21世纪
金融市场和金融交易方式	世界上最早的证券交易所于17世纪诞生于荷兰阿姆斯特丹 纽约证券交易所于1863年成立	纳斯达克（National Association of Securities Dealers Automated Quotations, NASDAQ），全称为美国全国证券交易商协会自动报价表，创立于1971年，已成为世界上最大的股票市场之一，全部由**电子化交易系统**进行交易撮合，不再需要委托真人的经纪人代表来进行交易	区块链：世可（Circle）、巴比特（21.Inc） 电子货币：比特币
印刷技术	传统印刷：雕版印刷、活字印刷、平板印刷	**数字打印**技术	新时代的3D打印技术
商学院教育	私塾	大学商学院教育，管理学院教育和工商管理硕士（master of business administration, MBA）乃至高级管理人员工商管理硕士（executive master of business administration, EMBA）课程	社会和**网上培训**：企业大学、管理培训生制度、网上培训
通讯	固定电话被发明：美国电话电报公司（AT&T）	移动电话（手机）：摩托罗拉、诺基亚	**智能手机**：苹果、三星、华为

下面具体观察一个例子：条形码技术。巴斯克（Basker）对条形码技术在美国零售业的推广和应用曾做过深入的研究，他的研究结果发表在美国经济学会的《美国经济杂志：应用经济学》（*American Economic Journal: Applied Economics*）刊物上[1]。20世纪70年代初，美国零售业开始采用条形码技术。由于条形码技术的应用，零售业的经营效率有了很大提高。根据巴斯克的研究，在条形码被采用的头几年中，美国零售业的劳动生产率提高了4.5%。

研究显示，在条形码技术应用的早期，安装成本较高，而且因为没有统一的代码，各个连锁超市自行设计自己的代码系统，导致企业在采用条形码的第一年，经营利润会受到很大影响。尽管利润受到影响，还是有些企业率先采用了这项技术，因为他们看好技术可能给企业带来的长期绩效增长。随着技术的不断发展，条形码扫描仪有了很大改进，特别是软件和硬件的升级使零售商能够快速跟踪库存，进而提升采购和支付的效率和速度，最终降低了后台劳动力成本。后期，射频识别技术（RFID）的广泛应用，使员工能够“扫描”不在其直接视线范围内的物品，进一步提高了库存管理水平，条形码技术被大量

[1] Emek Basker. Raising the Barcode Scanner: Technology and Productivity in the Retail Sector[J]. American Economic Journal: Applied Economics, 2012, 4(3): 1–27.

超市采用。

由条形码技术的例子可以看出，当新兴技术刚开始时，由于技术的应用成本较高，产业化和规模化的速度可能会相对缓慢。随着技术的不断改进发展，越来越多的企业开始意识到它对行业可能产生的颠覆性影响，产业化和规模化的速度会大幅加快。反过来，越来越多的企业参与也会加速技术的发展和落地。关于创新技术的不同发展阶段，请参见本书“数字化创新是核心竞争力”一节的相关讨论。

进入21世纪后，技术扩散的速度明显加快。根据美国纽约大学迭戈·科明（Diego Comin）和巴特·霍比恩（Bart Hobijn Comin）提供的数据，我比较了几项对社会和经济发展有较大影响的颠覆性技术从发明到被美国家庭采用的速度（见图2-1）。

由图2-1可以看出，早期技术扩散的速度非常缓慢，技术对社会和经济的影响需通过相当漫长的时间才会体现。如汽车于19世纪80年代诞生，到2000年才达到90%的饱和度，整个过程经历了大约120年的时间。固定电话出现于20世纪初，90年代中期达到基本饱和，经历了大约90年。

相比早期技术，近期技术被采用的速度则明显加快。互联网的出现是信息技术的一次革命，从1969年产生到2016年接近饱和前后花了40多年，其“网络效应”也加速推动了其

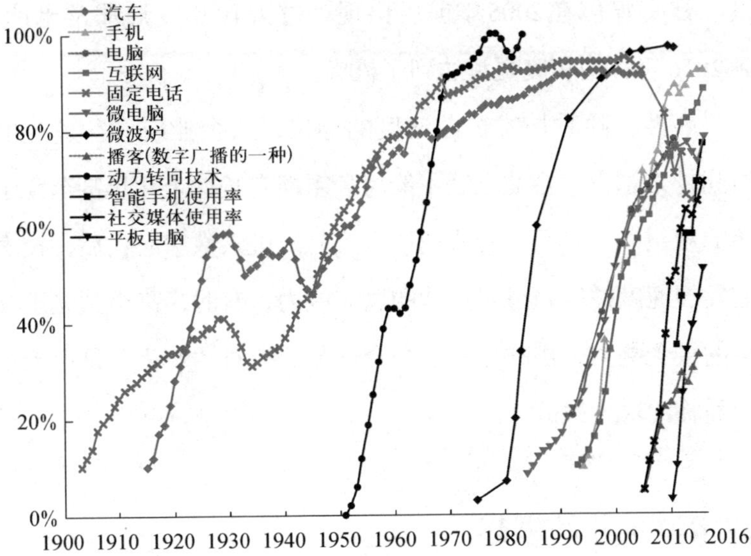

图 2-1　技术扩散速度

数据来源：研究报告，纽约大学迭戈·科明（Diego Comin）和巴特·霍比恩（Bart Hobijn Comin）。

他技术和产品的扩散，催生了诸如电子商务、共享经济、社交网络、即时通信等新产业，彻底改变了现代经济的形式。电脑和微电脑普及的扩散速度差异不大，都是从20世纪80年代开始到2016年达到约80%的饱和度。手机诞生于20世纪80年代，到2016年已经有90%的饱和度。

进入21世纪之后，很多技术的扩散速度变得更快。平板电脑诞生于2010年，在不到10年的时间里达到了50%的饱和度。社交媒体在2005年前后出现，过去10年发展非常迅速，到2016年，饱和度更是达到了70%。

显然，随着技术扩散速度的加快，给企业应对和适应的时间越来越少，企业已经不能再奢望拥有长达十几年甚至几十年的观望期，必须学会快速作出反应。进入数字时代后，技术的发展速度往往超过了企业的适应能力，有时，甚至领先于社会的接受能力，挑战已有的社会规范，应对“变化”是今天企业面临的最大挑战。

数字型企业的崛起

数字化时代，所有企业都要增强危机意识，认真思考自己的出路和前景。我先来讲几组数字：2000年以来，财富500强中52%的企业已经破产、被收购、或不复存在[1]；财富500强名单中，企业平均存活年限已经从1965年的23年缩短为2014年的15年；在1960年，一家标准普尔500强企业平均存活年限为60年；到2020年，这个数字将变成12年[2]；数字化转型将

---

❶ Tom Goodwin. Digital Darwinism: Survival of the Fittest in the Age of Business Disruption[M]. London: Kogan Page, 2018.

❷ 数据来源：财富500强。

在5年内取代12个行业中40%的现有企业[1]。

在过去半个多世纪，全球经济结构发生了很大的变化，科技、通信和金融服务业逐渐取代了能源和传统制造业。以美国为例，表2-2列举了1960—2018年美国最赚钱的20家上市公司名单，在公司名称下面为当年利润（括号中的是当年收入），单位为百万美元。

表2-2 美国最赚钱的20家上市公司（1960—2018）

单位：百万美元

1960年	1970年	1980年	1990年	2000年	2010年	2018年
通用汽车	通用汽车	埃克森美孚	通用汽车	通用电气	埃克森美孚	苹果
873 (11 233)	1 711 (24 295)	4 295 (79 107)	4 224 (126 974)	10 717 (111 630)	19 280 (284 650)	48 351 (229 234)
埃克森美孚	埃克森美孚	IBM	通用电气	花旗集团	微软	伯克希尔保险
630 (7 911)	1 048 (14 930)	3 011 (22 863)	3 939 (55 264)	9 867 (82 005)	14 569 (58 437)	44 940 (242 137)
福特汽车	IBM	通用汽车	福特汽车	西南贝尔电信	沃尔玛	威瑞森电信
451 (5 357)	934 (7 197)	2 893 (66 311)	3 835 (96 933)	8 159 (49 489)	14 335 (408 214)	30 101 (126 034)

[1] Joseph Bradley, Jeff Loucks, James Macaulay, Andy Noronha, Michael Wade. Digital Vortex: How Digital Disruption is Redefining Industries[R]. Global Center for Digital Business Transformation, 2015: 201.

（续表）

1960年	1970年	1980年	1990年	2000年	2010年	2018年
杜邦	德士古石油	美孚石油	IBM	埃克森美孚	宝洁	美国电话电报
419 (2 114)	770 (5 868)	2 007 (44 721)	3 758 (63 438)	7 910 (163 881)	13 436 (79 697)	29 450 (160 546)
德士古石油	海湾石油	雪佛龙德士古	埃克森美孚	美国银行	IBM	摩根大通银行
354 (2 678)	611 (4 953)	1 785 (29 948)	3 510 (86 656)	7 882 (51 392)	13 425 (95 758)	24 441 (113 899)
海湾石油	福特汽车	德士古石油	奥驰亚烟草	微软	高盛集团	康卡斯特
291 (2 713)	547 (14 756)	1 759 (38 350)	2 946 (39 069)	7 785 (19 747)	13 385 (51 673)	22 714 (84 526)
通用电气	雪佛龙德士古	阿莫科石油	陶氏化学	IBM	默克	富国银行
280 (4 350)	454 (3 825)	1 507 (18 610)	2 487 (17 730)	7 712 (87 548)	12 901 (27 428)	22 183 (97 741)
美国钢铁	美孚石油	通用电气	杜邦	杜邦	美国电话电报	辉瑞
255 (3 643)	435 (6 621)	1 409 (22 461)	2 480 (35 209)	7 690 (27 892)	12 535 (123 018)	21 308 (52 546)
雪佛龙德士古	柯达	海湾石油	德士古石油	奥驰亚烟草	富国银行	微软
254 (1 565)	401 (2 747)	1 322 (23 910)	2 413 (32 416)	7 675 (61 751)	12 275 (98 636)	21 204 (89 950)
联合碳化物	杜邦	BP美国	大西洋里奇菲尔德	因特尔	强生	埃克森美孚
172 (1 531)	356 (3 655)	1 186 (7 916)	1 953 (15 905)	7 314 (29 389)	12 266 (61 897)	19 710 (244 363)

（续表）

1960年	1970年	1980年	1990年	2000年	2010年	2018年
美孚石油	阿莫科石油	福特汽车	美孚石油	福特汽车	摩根大通	美国银行
164 (3 093)	321 (3 469)	1 169 (43 514)	1 809 (50 976)	7 237 (162 558)	11 728 (115 632)	18 232 (100 264)
壳牌石油	壳牌石油	大西洋里奇菲德	可口可乐	通用汽车	通用电气	脸书
147 (1 810)	291 (3 537)	1 166 (16 234)	1 724 (9 171)	6 002 (189 058)	11 025 (156 779)	15 934 (40 653)
IBM	通用电气	壳牌石油	阿莫科石油	默克	百时美施贵宝	宝洁
146 (1 310)	278 (8 448)	1 126 (14 431)	1 610 (24 214)	5 891 (32 714)	10 612 (21 634)	15 326 (66 217)
阿莫科石油	通用电讯	柯达	默克	大通曼哈顿	雪佛龙	谷歌
140 (1 957)	237 (3 262)	1 001 (8 028)	1 495 (6 698)	5 446 (33 710)	10 483 (163 527)	12 662 (110 855)
柯达	国际电话电报公司	杜邦	壳牌石油	沃尔玛	辉瑞	卡夫食品
125 (914)	234 (5 475)	939 (12 572)	1 405 (21 703)	5 377 (166 809)	8 635 (50 009)	10 999 (26 232)
伯利恒钢铁	大西洋里奇菲尔德	康菲石油	3M	AIG保险	伯克希尔保险	联合太平洋
117 (2 056)	227 (2 691)	891 (9 503)	1 244 (11 990)	5 055 (40 656)	8 055 (112 493)	10 712 (21 240)
康菲石油	美国电话电报	康纳石油	宝洁	摩根士丹利	惠普	联合健康集团
105 (1 163)	227 (4 883)	815 (12 648)	1 206 (21 689)	4 791 (33 928)	7 660 (114 552)	10 558 (201 159)

（续表）

1960年	1970年	1980年	1990年	2000年	2010年	2018年
美国电话电报	美国钢铁	陶氏化学	惠氏公司	卢森特科技	可口可乐	奥驰亚烟草
102 (2 315)	217 (4 754)	784 (9 255)	1 102 (6 747)	4 766 (38 303)	6 824 (30 990)	10 222 (19 494)
纳贝斯克	宝洁	森诺可石油	强生	大西洋贝尔	谷歌	特许通讯公司
90 (724)	187 (2 708)	700 (10 666)	1 082 (9 844)	4 202 (33 174)	6 520 (23 651)	9 895 (41 581)
哥伦比亚广播	联合碳化物	3M	数字设备公司	强生	自由媒体	沃尔玛
86 (1 911)	186 (2 933)	655 (5 440)	1 073 (12 866)	4 167 (27 471)	6 462 (10 398)	9 862 (500 343)

资料来源：《财富》。

1960—1990年，石油公司[1]在美国最赚钱前20名企业榜单中占据半壁江山。但1990年之后排进美国最赚钱前20名公司榜单中的石油公司大幅减少，只有埃克森美孚[2]这一家石油公司一直到2018年还保持在榜单之上。同石油公司相似，通用汽车和福特汽车曾一度排榜单前列：通用汽车

❶ 石油公司包括：埃克森美孚、德士古石油、海湾石油、雪佛龙德士古、美孚石油、壳牌石油、阿莫科石油、康菲石油、大西洋里奇菲尔德、BP（英国石油公司）美国、康纳石油。

❷ 1999年埃克森石油和美孚石油合并成埃克森美孚一家公司。

在1960年、1970年和1990年排在榜单第一位，而福特汽车在1960年和1990年名列第三。但两家汽车公司在2000年时排名都大幅下滑，2010年之后不再出现在榜单上。金融服务企业[1]在2000年之前没有一家在榜单上，但是在2000年之后，大家悉知的几家美国金融公司都先后上榜。在2018年，20名最赚钱公司榜单中的一半都是科技和通信公司，微软、因特尔、惠普、谷歌、苹果、脸书等科技公司都是在21世纪先后加入美国最赚钱前20家上市公司名单中的。

榜单中有两家企业值得关注：柯达和IBM。这两家公司在过去半个多世纪都是美国非常有代表性的优秀企业。曾是1960—1980年最赚钱的美国上市公司之一，柯达公司于2012年破产。柯达失败的主要原因是长期依赖传统胶片的市场优势，对数字科技的冲击反应迟钝，公司管理作风偏于保守，最终错失转型良机[2]。IBM是老牌美国科技公司，在1960—2010年一直在榜单上名列前茅。近年来，面对新技术的冲击，IBM虽经过多年转型努力，但其人工智能和云计算等新业务的增速

❶ 金融服务企业包括：花旗集团、美国银行、大通曼哈顿、AIG（美国国际集团）保险、摩根士丹利、高盛集团、富国银行、摩根大通、伯克希尔保险。

❷ 对柯达失败的原因，本书在第4章还有更详细的讨论。

缓慢，不足以抵消原有业务萎缩造成的负面影响，盈利能力已今非昔比，在2018年的榜单上已见不到IBM的身影。

下面我们再来仔细谈谈榜单中另外两家非常有代表性的企业：传统制造业的通用电气和科技业的微软。这两家企业在自己的发展过程中，都曾创造过非常辉煌的业绩，也经历了很多曲折和挑战。

首先从通用电气的故事开始。

由托马斯·爱迪生（Thomas Edison）于1892年创建的通用电气（General Electric Company，GE）是目前世界上最大的多元化技术和服务性跨国公司。作为第二次工业革命的标杆，通用电气毋庸置疑是一个非常成功的制造企业。在杰克·韦尔奇（Jack Welch）担任CEO长达20年的鼎盛时期（1981—2001年），企业业绩表现卓著，更是被顶尖商学院写入最佳案例。然而当世界进入数字经济时代之后，随着谷歌、脸书、苹果等科技企业的强势崛起，曾经在传统制造业辉煌不已的百年老店通用电气却面临巨大挑战。从“美国最赚钱的20家上市公司”的榜单中可以看出（见表2-2），通用电气自1960年一直榜上有名，在1990年仅次于通用汽车，排行第2；更是在2000年占据排行榜首位，但2010年排名下滑到第12位；在2018年，通用电气已跌出排行榜，其财务报表显示当年企业亏损58亿美元，从美国最赚钱的企业之一走向亏损，只用了几年时间。

早在韦尔奇时代，通用电气就开始了从单一制造业走向多元化的转型之路。通用电气多元化转型的一个重点领域是金融服务。最初，通用电气的子公司GE金融仅仅用来协助消费者购买家用电器进行分期付款，然而跟随着金融创新的步伐，GE金融开始大举进军企业金融服务领域，比如提供融资租赁、信用评级、资产评估等业务，使通用电气和金融业密切“绑定”[1]。根据GE金融的财报，1997年，GE金融收益达393亿美元（占通用电气集团总收益的44%），总资产2 554亿美元（占通用电气集团总资产额的84%）。同年，GE金融的营业收益增长了9.2%，而通用电气集团的其他业务收益平均下降了3.6%。当时，韦尔奇雄心勃勃，希望带领通用电气从一个传统制造企业转型成为拥有高端服务附加值的新兴工业企业。韦尔奇大胆摆脱薄弱的传统业务、向新兴业务扩张的策略，曾被认为是通用电气蓬勃发展、不断创造业绩神话的关键所在[2]。

然而，随着2008年美国次贷危机的爆发，严重依赖GE

❶ 托马斯·格里塔，泰德·曼．通用电气之困：一家定义了“美国时代”的公司如何走向没落[N]．华尔街日报，2019-1-29．

❷ 中田敦．变革：制造业巨头GE的数字化转型之路[M]．李会成，康英楠，译．北京：机械工业出版社，2018: 9-13．

金融业务的通用电气，遭遇了史无前例的重创。在研究了美国次贷危机对各行业的影响之后，通用电气高管认为企业必须向硅谷的科技公司学习，由此通用电气开启了向数字化转型的旅程。在之后的几年中，通用电气在数字化转型的道路上高歌猛进：2011年，通用电气在加州圣拉蒙组建了GE软件（GE Software）中心，开发大数据分析以及人工智能相关的软件系统；通用电气还大规模投资了3D打印技术，并且尝试将3D打印技术应用在喷气式飞机发动机的零部件制造上；2013年，通用电气提出工业云战略设想和架构，并推出了Predix这个工业互联网平台产品；随后，GE软件中心也随之正式升级，更名为GE数字集团（GE Digital），并正式宣布进行数字化转型。一度，GE数字集团拥有超过1 500名员工，不乏来自易安信（EMC）[1]和苹果智能语言助手（Siri）团队的核心成员。然而，通用电气的转型之路并不顺利，GE数字集团发展缓慢，工业物联网推进乏力。2017年11月，随着新业务每况愈下，GE数字集团开始大幅裁员。最终，CEO约翰·弗兰纳里（John Flannery）宣布集团未来的重心将放

[1] 易安信（EMC）为一家美国信息存储资讯科技公司，主要业务为信息存储及管理产品、服务和解决方案。EMC公司创建于1979年，总部在马萨诸塞州霍普金顿市。2003年，EMC收购了威睿（VMware）。2015年10月，EMC被戴尔（DELL）收购。

在航空、电力和医疗三大业务主线上，完全推翻了前任CEO杰夫·伊梅尔特(Jeffrey R. Immelt)精心打造的数字工业版图[1]。至此，通用电气在数字化转型过程中面临前所未有的危机。

通用电气在数字化转型的道路中遭遇众多阻力和困难。首先，当通用电气开始大规模进行数字化转型时，企业并未真正从次贷危机的重创中恢复过来，强大的融资优势已今非昔比。同时，身为制造业巨头的通用电气也很难在一夜之间变成互联网的“真正玩家”。通用电气的对标企业并不是IBM和微软这样的传统IT巨头，而是硅谷的谷歌和脸书这类创业公司，但通用电气的组织惯性依然支配着企业工作的方方面面，根本无法很好地融合和拥抱新型“硅谷”企业文化和管理思想。例如，通用电气在过去半个多世纪的生产制造流程中积累了大量质量管理经验，它曾学习丰田汽车的“丰田生产方式”，即产品控制的“六西格玛”质量管理方法。在数字化转型的过程中，通用电气也错误地将这种质量控制法嵌入办公室白领的职业场景中，导致工作程序标准化，企业文化更为僵硬，不甚变通。虽然通用电气也在努力大量尝试并推行硅谷流行的文化和

❶ 栗建. 老牌公司数字转型的奇幻漂流[J]. IT经理世界，2018，(7): 40–42.

管理思想，然而，冰冻三尺非一日之寒，组织和文化层面的变革成为通用电气数字化转型的主要拦路虎。谈到传统制造业和硅谷文化之间的巨大差异，通用电气前CEO韦尔奇曾说："由于（与硅谷的公司）文化差异性过于巨大，即使有机会收购符合通用电气战略的硅谷高科技公司，我也决然放弃。换句话说，我不想让20世纪90年代后期产生的硅谷文化污染通用电气。"

自20世纪末，微软曾经历尝试过两次转型：进军移动互联网和以云计算为重点的数字化转型。

微软（Microsoft）由比尔·盖茨（Bill Gates）创办于20世纪70年代中期，到今天，这家以电脑服务软件为主业的企业已经走过了44个年头。作为信息时代的幸运儿，微软依靠微软视窗操作系统（Microsoft Windows）和微软办公软件（Microsoft Office）两大产品成为20世纪高科技行业历史上最著名的"垄断者"。随着互联网和移动互联网时代的到来，为跟上时代的变化，微软曾多次希望以并购的方式快速进军互联网行业。2008年微软打算以446亿美元收购雅虎，但遗憾的是，收购并未成功。之后的2013年，微软以71.7亿美元收购了诺基亚手机部门，但最终整合失败。很显然，微软为了保持竞争优势继续发展，必须在互联网行业有所作为，但由于微软进军互联网行业的尝试并不顺利，市场对微软的前景表现出极度的担忧。1999年年底，微软的股价曾达到历史最高值的58.38美元，但在后来长达十多年的时间里，股价一路波动下跌，直至2014年才有所回升，其中在2009年年初，股价曾一度跌落到17.10美元的低点。

是什么原因使得微软的股价在2014年后止跌回升？

2014年2月，萨提亚·纳德拉（Satya Nadella，微软现任CEO）接手微软后，开始了新的数字化开拓和布局，将微软重新定位于云计算领域，为微软在数字时代开辟了一条新的快速通道[1]。出生于印度的萨提亚·纳德拉在出任微软CEO之前，曾主导微软云服务（Microsoft Azure）。由于对云业务有深入了解，纳德拉正确选择了微软的数字化转型道路。微软的云战略使微软在很短的时间内重新崛起，2018年微软云计算排名上升到全球第二的位置。除了提供云服务，微软还在云平台中集成了人工智能和机器学习，进而实现智能应用的开发。同通用电气相比，微软在组织和文化方面的变革更有成效。同时，微软积极打造数字化生态，放弃针对竞争对手的激进战略，主动与Linux进行合作，努力将Windows

[1] Harry Mccracken. Satya Nadella Rewrites Microsoft's Code. https://www.fastcompany.com/40457458/satya-nadella-rewrites-microsofts-code.

拥有的应用程序移植到安卓和苹果移动操作系统（iOS）系统上，积极推动合作伙伴战略[1]。微软数字化转型的努力和成果也反应在股票价格的变化上：2018年9月的股价达到114.26美元的新高，是2009年年初的6.7倍。微软转型的（阶段性）成功，得利于凝聚了战略、技术、组织和文化的力量。

通用电气和微软为跟上时代的发展步伐，都曾有过多次转型尝试，希望它们转型成功与失败的经历，能给那些在转型过程中身陷转型困境的企业以启发。

数字技术推动商业实践

麻省理工学院（Massachusetts Institute of Technology，MIT）自2010年开始，每年都会在《麻省理工科技评论》发布本年度最具突破性的十大技术。这些被选中的突破性技术是每年由MIT组织近百位科学家、科技编辑，从全球一百多个国家、超过两百个科研成果中筛选出来的。

我收集了自2010年开始到2019年10年间所有上榜的100

[1] Satya Nadella. Hit Refresh[M]. Glasgow: Harper Collins, 2017.

项突破性技术，并进行了文本分析，制作出词频图（见图2–2）。从图中可以看出，太阳能、基因、智能、机器人、3D打印、移动技术出现的频率最高。显然，涉及太阳能、基因和智能的技术在过去10年中最具突破性，充分显示了新能源、生物技术、人工智能领域的重要地位和近年来的快速发展。

图2–2 词频［MIT十大突破性技术（2010—2019）］

结合IBM商业价值研究院的数字化专栏报告和上述《麻省理工科技评论》评出的“十大突破性技术”，我总结了五大类前沿数字化技术在当前企业商业实践中的应用（见表2–3）。五大类技术分别是人工智能（包括认知计算）、自动化和机器人、区块链、云计算、物联网；关于商业实践，关注的重点放在五个商业实践领域：企业的决策、运营和效率、客户体验、研发和商业模式。

可以看出，表中列举的全部五个商业实践领域都在广泛应用前沿数字化技术。其中人工智能技术覆盖了所有领域：它可以通过分析客户需求，辅助市场营销部门作决策；也可以通过机器学习运营过程，优化现有流程；还可以利用聊天机器人提升客户体验以及模拟人类智能过程辅助研发和创新。物联网技术主要应用在运营和效率、客户体验以及商业模式领域。区块链技术涉及分布式记账和智能合约，可以帮助企业在运营和效率领域提高信息透明度、节约记账成本，同时在客户体验领域增加产品信息透明度、带来交易信任。云计算技术的应用领域也十分广泛：通过可云化需求预测，改善现有决策结果；利用智能云平台，跟踪和管理整个生态系统的资产流动，提高运营效率；通过云端聊天机器人和虚拟助理，实现对客户的远程技术支持，优化客户体验；使设计师同时在云平台合作，推动研发与创新；改变未来产品交付方式，影响企业未来商业模式。机器人流程自动化则主要应用于运营和效率领域，在结合物联网数据和人工智能之后，将有能力学习自主决策。

为了更好地了解“突破性技术”对商业实践应用的影响，针对五个商业实践领域，表2-3的最右侧一列加列了《麻省理工科技评论》“十大突破性技术”的相关科技名称和其上榜年度。以2016年的“语音接口”技术为例，它将语音识别和自然语言理解相结合，为互联网创造切实可用的语音接口。百度、谷歌、苹果、Nuance、脸书都在从事相关研究。《麻省理工科技评论》认为：“中国尤其是发展语音接口的理想市场，因为触摸屏输入汉字十分麻烦，而语音接口越来越实用和有效，比如百度的深度语音识别系统(Deep Speech 2)，包含了非常庞大、‘深入’的神经网络，拥有数百万计的转录语音。”此项技术可以结合聊天机器人，为客户提供流畅自然的语音对话体验；同时可能降低企业书面和语音材料之间转换的成本，从而提高运营效率。另两项技术“汽车间通信”（2015年）和“特斯拉自动驾驶仪”（2016年）先后被评为2015年、2016年的十大突破性技术之一，前者使得汽车之间可以互相传送信息（速度、位置、驾驶方向、刹车等），从而避免碰撞，减少车祸事故。后者被《麻省理工科技评论》认为已趋于成熟。通过该技术汽车可以在各种环境下安全自驾，由此可减少车祸量。汽车生产商特斯拉、沃尔沃、梅赛德斯、丰田等在研发该技术，百度公司于2015年12月完成了首次全程自动驾驶测跑。这两项技术除了能够应用在智能交通出行产业，催生例如无人驾驶服务的新商业模式之外，也可以应用于企业运营领域，完善自动化机器人的应用场景。另外，出现在2013年榜单上的"3D打印"技术被全球制造业巨头通用电器用于飞机新型喷气发动机的关键金属部件的研发和制造。3D打印的应用显著降低了复杂发动机部件的研发和制造成本，同时，帮助通用电器大大提高了生产效率。

突破性数字技术具有很强的颠覆性，面对颠覆性技术的冲击和商业及市场的结构变化，有些企业虽具有紧迫感和危机感，努力探索并实施数字化转型，但最终还是未能摆脱被颠覆的命运，这其中不乏曾经是许多管理者羡慕且竞相效仿的行业龙头。

数字化领导力和转型"路线图"在数字化转型过程中最为重要。本书将在下面两章，就这两个问题做深入探讨。

表2-3 前沿数字技术在企业商业实践中的应用

	人工智能（AI）	物联网（IoT）	区块链（blockchain）	云计算（cloud）	机器人流程自动化(RPA)	《麻省理工科技评论》“十大突破性科技”
决策	根据手机传感器分析客户需求，进行精准的、个性化的市场营销			• 认知采购（收集供应商定价等信息并辅助决策） • 可云化需求预测（内部数据+外部数据）	自适应机器人：能够处理物联网（internet of things，IoT）数据和其他数据以进行学习并自主做出决策的机器人	• 数字产权管理：内容所有者获得观众信息从而进行营销（2001） • 社会索引：搜索结果个性化（2011） • 分布式存储：通过网络将分布的存储空间构成虚拟存储设备（2004） • 现实挖掘：根据手机传感器分析人类行为（2008） • 突发事件建模：通过大数据和机器学习预测军事、金融、卫生各领域的突发事件（2008）
	以金融行业为例，智能投顾通过整合庞大的私人和公共数据库（包括客户会议记录、图像和社交媒体等非结构化数据）以帮助预测客户喜好、需求和意图。在提供贷款服务时，金融公司可通过运用大数据技术，有效选择客户、识别风险、指导利率定价。中国平安开发软件，利用AI技术，通过监测申请人回答问题时的微表情来测谎。在零售行业，企业可以通过整合分析消费者习惯数据之后，实现精准营销，如分类营销、决策支持和营销效果分析等。类似的，制造企业也可以运用分析方法，提前预测客户订单，同时将原始数据源整合成单一、一致的系统。对医疗行业而言，医院或企业通过临床数据，电子健康记录（electronic health record, EHR），结合可穿戴设备等电子设备数据，使用人工智能集成数据并分析，辅助医生诊断和治疗					

（续表）

	人工智能（AI）	物联网（IoT）	区块链（blockchain）	云计算（cloud）	机器人流程自动化(RPA)	《麻省理工科技评论》“十大突破性科技”
运营	• 人工智能/机器学习——配备软件的系统应用，能够模拟人类智能过程，无须明确指示即可开展学习 • 自然语言处理——理解人类说的话。机器人——使用机器人对物联网(IoT)数据和其他数据进行学习并作出自主决策 • 预测性分析——借助统计算法和机器学习预测结果的做法	物联网传感器定位、执行远程诊断和自动化操作以提高生产力；考虑工程和IT角色需要如何合并	提升信息透明化和可信度（运输业）	认知供应链（利用智能云平台跟踪和管理整个生态系统的资产流动）	工业机器人	• 机器人设计：安排计算机构思、测试、制造工业机器人（2001年） • 蓝领机器人：无须复杂编程即可完成简单任务（2013） • 数据挖掘：从非结构化数据中挖掘有用信息（2001） • 贝叶斯机器学习（2004） • 敏捷机器人和农业无人机（2014）

（续表）

	人工智能（AI）	物联网（IoT）	区块链（blockchain）	云计算（cloud）	机器人流程自动化(RPA)	《麻省理工科技评论》“十大突破性科技”
效率	直接通过用户界面（User Interface，UI）和环境体验进行机器学习。从完善整体客户体验战略，到实时响应客户咨询，人工智能可以帮助员工快速作出影响客户体验的明智决策	搜集数据后可以直接通过UI和环境体验进行机器学习。传感器与利用率信息相结合，可通过实现实时发现、可用性和付款而创建流动的市场（不动产）	使用区块链节约记账成本，建立交易信任	混合云工厂安全用例（员工生物识别数据、制造过程数据和环境条件信息） • 电子设计云平台 • 混合云支持的环境合规（收集整个供应链的监管合规数据）	聊天机器人（数字化人力资源顾问） • 机器学习系统：无须明确指令即可不断学习、持续改进系统	• 通用身份认证技术：只需登录一次即可实现平台间跳转（2006） • 实时搜索：实施挖掘社会化网络的大量信息（2010） • 苹果移动支付（Apple Pay）（2015） • 刷脸支付（2017） • 传感城市（2018）
	在金融行业，分布式区块链和总账技术可以扩展业务平台，提升安全性，消除信息、创新和交互方面的摩擦，适用于清算和结算、大额支付、股票和债券发行以及参考数据。通过物联网技术，银行可以采集担保物的状态，进行实时监控。在零售行业，智能机器人可以根据当地场地特征和可用因素，自动选择特定商店的商品种类；利用大数据进行供应链完善，包括仓库选址、产品追溯、订单预测、选品与陈列优化、运营状态分析与统一管理等。制造企业可以利用工业机械的“数字双胞胎”，根据机械上的传感器建立一个数字化模型预测今后的故障。以制造业中的汽车制造为例，企业可以利用物联网进行车辆故障远程检测，远程实现智能资源调度，协助运送车辆维修。在医疗行业中，基于区块链的智能合约进行合规性检查。经由区块链技术中的智能合约嵌入规则，利益关联方可以标明各方可以在何时查看什么内容，同时不会透漏数据本身，实现流程的透明和简化，确保交付正牌产品					

（续表）

	人工智能（AI）	物联网（IoT）	区块链（blockchain）	云计算（cloud）	机器人流程自动化(RPA)	《麻省理工科技评论》“十大突破性科技”
客户体验	企业可以将人工智能整合到客户体验当中，或者客户可直接与之互动的设备之中，比如聊天机器人和机器人。人工智能可以自动执行幕后流程，比如自动进行有针对性的营销促销活动和消息传递	通过综合运用全新的分析模型、物联网数据源和认知机器学习，我们能够提高客户忠诚度和黏性	• 对于消费者：货物的真实性和安全性可以查证 • 组织：可以更有效地为新市场提供服务，深入了解消费者合法采购商品或购买当地商品的喜好 • 消费品企业和零售商：可以通过全新的方式，推广产品和品牌，洞察消费者的需求和提高忠诚度	云端聊天机器人和虚拟助理；技术支持和服务（远程技术人员即时修复）		• 生物特征识别技术：加密、加速身份识别（2001） • 自然语言处理（2001） • 深度学习：可学习识别声音、图像及其他数据形式（2013） • 社会索引：搜索结果个性化（2011） • 万能翻译：通过语义分析和统计算法翻译多种语言（2004）。 • 巴别鱼耳塞：实时翻译（2018） • 增强现实（AR）（2007年） • 虚拟现实（VR）（2015年） • 智能软件助理：例如苹果智能语音助手（Siri），微软小娜（Cortana）等（2009） • 语音接口：方便人与设备互动（2016） • 移动3D：可在移动设备上显示3D内容而不需要眼镜（2010），头戴式显示器（2014）

（续表）

	人工智能（AI）	物联网（IoT）	区块链（blockchain）	云计算（cloud）	机器人流程自动化(RPA)	《麻省理工科技评论》“十大突破性科技”
	金融行业可以发展移动化的在线金融服务渠道，为客户提供即时便捷的体验。为客户提供先进的互动机制，例如个性化、聊天机器人以及全渠道一致的服务。零售企业可以利用增强现实、物体跟踪和投影系统，为客户展示个性化定制的产品以及利用机器人使用人类语言为客户提供服务。智能机器人和智能控制面板拉近人和机器之间的互动，帮助制造企业为客户提供更人性化的服务。医疗企业可以提供区块链技术帮助患者安全分享个人健康数据，用于医疗保健，供应商根据患者提供的信息实现定制化服务					
研发	• 增强智能：模拟人类智能过程的技术 • 文献搜集与分析推理辅助药物研发		• 减少限制性法规、制度惰性、隐形的威胁 • 帮助“先行者”打击假冒，保护专利	电子设计云平台（设计师同时在云平台合作）	预测性分析：借助统计算法和机器学习预测结果的做法	• 柔性晶体管：可卷曲显示屏（2001年） • 可伸展的硅：折叠型电路板（2006） • 云编程：使程序员使用熟悉的语言建构任何一种基于云计算的应用（2010） • 3D打印：更便宜地制造复杂部件（2013） • 移动协同办公软件（2014）
	通过引入组件化设计思维，建立产品结构化框架，开发产品公共功能组件，直接运用组件装配产品，金融公司可以提高产品创新的速度。制造企业可以利用3D打印等技术实现快速成型。除此之外，制造企业（如GE）正基于硅谷的设计师思考模式（fast works）理解客户需求。医院利用区块链技术安全分享个人健康数据，可以用于研究患者医护的创新。另外医疗保健企业可以利用区块链捕获临床试验所有历史记录，减少“篡改试验记录”的行为					

（续表）

	人工智能（AI）	物联网（IoT）	区块链（blockchain）	云计算（cloud）	机器人流程自动化(RPA)	《麻省理工科技评论》“十大突破性科技”
商业模式		共享经济		• 云平台建设中的优化者、创新者、颠覆者 • 改变交付方式		• 社会化电视：社交媒体结合电视，便于观看电视的同时共享感受（2010） • 众筹：通过网络平台对公众募集商业化投资（2012） • 汽车间通信：汽车间相互传递信息防止碰撞（2015） • 特斯拉自动驾驶仪（2016） • 人造肉汉堡（2019） • 无下水道卫生间（2019）
	金融企业可以在供应链上下游企业的ERP系统之间，利用云为企业提供标准化的采购到支付(Order-to-Pay)流程服务，买卖双方通过云完成订单与发票收发、对方流程状态查询、审核、支付等活动，银行可在这一过程中基于掌握的业务信息提供融资服务。零售企业可运用生态系统合作伙伴（社交平台、移动平台、云平台等）的集体力量，营造消费者独一无二的体验。另外，零售企业通过对海量数据的整合和分析，形成独立的大数据产品，采用免费、出售或合作方式提供给内外部客户。通过掌握大量来自物联网的数据，制造业例如汽车制造业可以从传统的汽车制造到为客户提供智能出行解决方案。医院可以与通信业合作，利用电子医疗设备提供远程诊断服务，如罗氏（Roche）与高通（Qualcomm）合作开展远程诊断服务					

第3章

数字化领导力

最重要的是变革愿景和前瞻性思维

今天，面对不断变化的经济和商业环境，企业比以往任何时候都更需要强有力的领导者。与其他时代不同的是，企业的成功与否很大程度上取决于企业高层管理者是否对数字化的重要性和紧迫感有正确的认知，以及是否具有执掌大局、引领企业数字化变革的能力。

结合本书前几章的讨论，高层管理者应明确：第一，不管喜欢与否，未来的数字化趋势还会不断加强，数字化已不是一个选择，而是企业生存和竞争的必须。第二，数字化不只是关注新技术的应用，采纳新的技术只是数字化的一小部分。将适当的战略、技术、流程、组织文化和领导力相结合是数字化变革工作取得成功的关键，其中企业具有数字化领导力最为重要。

一般而言，领导企业数字化并不必须需要某种特殊知识或一定拥有技术背景。随着数字化进程的不断推进，所有管理者都将成为数字化管理者。管理者之间的唯一区别是有些人在数字化的实践中成长为优秀的数字化管理者，而有些则因不愿领导或参与数字化变革而被时代所抛弃。

那么，合格的数字化领导者应具备什么特征和能力?

凯恩（Kane）等学者在2016年做过一个关于企业数字化领导力的调研，他们用了5年时间，通过调查问卷的方式，调研了28个行业、120多个国家的2万多名企业高管，收集企业数字化转型方面遇到的问题和挑战。凯恩等每年收集到3 700 ～ 4 800份回复，其中超过2/3来自美国以外的国家。调查样本有多个来源，包括《麻省理工斯隆管理评论》的读者和德勤的Dbriefs网络直播订户。研究者还采访了来自多个行业的140多名企业高管，以深入了解企业数字化过程中存在的实际问题，采访获得的信息有助于研究者更全面地解读大规模调查问卷所获得的数据[1]。

在回答什么是数字化领导者最重要的特征和能力时，多数答案并非在技术层面，超过70%的回答集中在变革愿景、具有前瞻性思维以及以变革为导向的心态（见表3-1）。

[1] Gerald Kane, Ann Phillips, Jonathan Copalsky, Garth Andrus. How Digital Leadership Is(n't) Different[J], MIT Sloan Management Review, Spring, 2019: 34-39.

表3-1 数字化领导者最重要的特征和能力

为引领企业数字化取得成功，数字化领导者最重要的特征或能力（单选）	
变革愿景：了解市场和趋势、商业头脑、以解决问题为导向	22%
前瞻性思维：愿景清晰、战略明确、具有远见	20%
了解技术：既往经验、数字素养	18%
以变革为导向：思想开放、适应性强、创新能力	18%
领导力强：务实，专注，果断	11%
其他：如协作能力、团队建设能力	11%

将受访者的答案汇总起来，能够很好地勾勒出一个合格数字化领导者的画像。

首先，数字化领导者的两个最关键的特征和能力是变革愿景与前瞻性思维。这两个特征和能力一直是领导力的重要组成部分，在当前数字化变革中，尤为重要。为了能成功引领数字化变革，企业领导者需要根据市场变化趋势，制定明确、具有前瞻性的战略，打破企业惯性，果断敏捷地解决变革中可能遇到的各类棘手问题。变革愿景与前瞻性思维之间有着紧密的联系。变革愿景有助于领导者了解技术发展和商业趋势是如何演变的，前瞻性思维的能力让领导者能够引领企业应对这些趋势变化。

其次，了解技术是数字化领导者第三项最重要的特征和能力。这项特征和能力，重视以往在技术领导岗位上的经验，但也强调，重要的是领导者需要具备基本的数字素养，而不是编程或数据科学等核心技术技能。数字素养至关重要，原因有两点：一是数字素养是变革愿景和前瞻性思维的重要支撑。没有数字知识的领导者将难以理解技术的发展变化和其对商业的影响，特别是很难看清这些影响变化可能给企业带来的机会和威胁。二是具有基本的数字素养和对数字技术的了解，有助于企业领导者判断新技术可能（和不可能）给企业带来的价值，以及准确把握新技术进入成熟期的时机。关于新技术的不同发展阶段，读者可参阅本书第4章关于数字化创新的讨论。

再次，排在第四位的是变革导向。在数字化转型中，领导者必须以变革为导向，思想开放、适应能力强并具有创新精神。与数字修养一样，这项特征和能力也是变革愿景和前瞻性思维的基础。如果遇到颠覆性变化和危机，领导者应以积极的心态作出明智的反应，快速进行思维、策略和战略转变。

尽管数字化时代对领导力了提出了新的要求，领导力的某些方面发生了变化，并不意味着就要全盘否定之前领导力的核心内容。实际上，人们最大的误区之一就是在面对数字化变革时，忽略了卓越领导力中的其他基本技能。在推动企业数字化转型过程中，数字化领导者仍需具备三项基本领导力技能：

识别有价值的项目并积极进行投资，为员工成功创造条件，以及愿承担转型重任。这三项基本领导力技能在数字化变革中仍然十分重要。

第一，识别有价值的项目并积极进行投资。新技术对企业数字化十分重要，但技术的价值很大程度取决于它能否很快产业化和商业规模化。在动用足够的资源投入新技术之前，领导者必须清楚企业投资这项技术的动机和目的，不能只是跟风蹭热度。令人意外的是，凯恩等学者的研究显示，几乎没有高管具有这种能力。更糟的是，在面对纷繁复杂的数字化实践时，领导者往往过度关注技术维度，而忽略了探讨企业是否有足够的资源支持技术产业化和商业规模化的顺利实现。

第二，为员工成功创造条件。一般而言，员工忙于日常工作，没有时间和知识储备来为自己适应新的工作挑战做好准备，领导者必须投入精力和资源为员工的成功做好准备。数字化转型工作既需要高层自上而下的推动，也需要员工自下而上的努力。那些重视为员工提供数字化转型所需的培训和支持的企业，数字化转型取得显著效果的企业比例达到72%；而那些忽视为员工提供数字化转型所需的资源和支持的企业，取得显著数字化转型效果的企业比例仅为24%。

第三，愿承担转型重任。企业高管将重要数字业务的责任委托给技术人员的几乎肯定会失败。如前所述，数字化转型的成功不仅取决于技术这个单一维度。CEO和企业最高管理层应成为引领企业数字化进程的主角。在早期的数字信息化阶段，IT部门承担了主要工作；在发展阶段，有31%的高管认为CEO和企业最高层是数字化的主要推动者；在成熟阶段，此比例上升到41%。IT部门依然非常重要，位列CEO之后。市场营销部门一直是数字化建设的重要参与者，而数字化后期，运营部门则被研发部门替代成为主要参与者（见表3-2）。

表3-2 谁引领数字化进程

数字化早期阶段	数字化发展阶段	数字化成熟阶段
IT部门23%	CEO办公室31%	CEO办公室41%
CEO办公室22%	IT部门20%	IT部门16%
市场营销部门10%	市场营销部门9%	市场营销部门7%
运营部门7%	运营部门7%	产品研发部门7%

由此可见，当CEO和企业最高管理层成为引领企业数字化的主角时，往往标志着企业已告别数字化的早期阶段，进入发展或成熟阶段。

关于数字化领导力，希望企业能解决好两个问题。

第一，企业需要充分发挥所有高层管理者的长处，不应嫌弃那些缺乏技术背景和经验的高管。在企业数字化的转型过程中，他们可能成为变革的推动者、内部专家、外部专家或“孤独的破冰者”（见表3-3）。对愿意参与到数字化变革之中的高管，企业应定期为他们充电，利用各种手段提升他们在数字化领域的素养和知识储备，帮助他们在数字化的实践中成长为优秀的数字化领导者。

表3-3 数字化变革中的四类高管

变革的推动者	内部专家	外部专家	孤独的破冰者
广泛的企业内部人脉关系	深谙企业战略并具备IT专业知识	对企业战略有一定了解，并有一定IT专业知识	深谙企业战略并具备IT专业知识
良好的人际交往能力	良好的人际交往能力	良好的人际交往能力	缺乏企业外部人脉关系
积极支持和推动本部门和其他部门的数字化变革	广泛的企业内部人脉关系	广泛的外部人脉关系	有限的人际交往能力
	缺乏企业外部人脉关系	积极打造企业数字化的外部环境	积极倡导和推进企业的数字化变革
	可以领导所在部门的数字化变革		

资料来源：根据Fabian Reck and Alexander Fliaster的文章[1]改编。

[1] Fabian Reck , Alexander Fliaster. Four Profiles of Successful Digital Executives[J]. MIT Sloan Management Review, Spring, 2019: 1–7.

第二，企业必须重视为高层管理者提供在数字化环境中发展的机会。有研究[1]显示，当企业未能提供这样的发展机会时，首席信息官/IT总监或经理中有20%左右的人打算在一年内离职，企业副总裁和总监级别的高管打算在一年内离职的比例更是高达30%。相比之下，在较好提供发展机会的企业中，打算在一年内离职的高管只有4%～5%（见图3-1）。

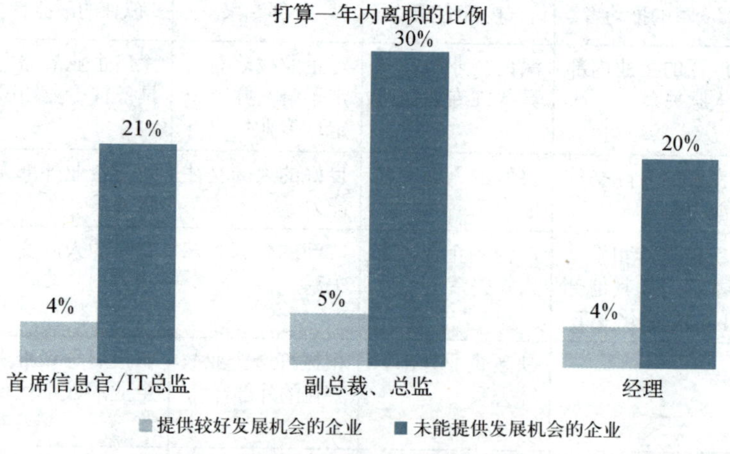

图3-1 数字化环境影响高管离职比例

[1] Gerald C. Kane, Doug Palmer, Anh Nguyen Phillips, David Kiron, Natasha Buckley. Aligning the Organization for Its Digital Future[J]. MIT Sloan Management Review, Summer, 2016.

你需要一个拥有“数字化头脑”的董事会

今天，数字化转型已成为很多企业的头等大事。为应对数字化变革所带来的挑战，一个拥有“数字化头脑”的董事会能为CEO提供支持，为企业克服数字化过程中所遇到的各种阻力和困难指引方向。

维尔（Weill）等的研究[1]表明，拥有一个“数字化头脑”的董事会是企业在数字经济时代实现业绩增长的新因素。

为了找出哪些关键词能够描述“数字化头脑”，维尔等对81位董事会成员进行了调研，并对董事长和CEO的公开信以及董事履历进行了分析。维尔等的研究采用机器学习技术，从4万多位董事的履历中抽取关键词（见图3–2），然后迭代生成编码方案。机器学习模型将所有董事划分为三类，即：“具备数字化头脑”“不具备数字化头脑”以及“无法确定”。研究样本覆盖了3 228家公司，每家公司的董事成员不少于6人。

---

❶ Peter Weill, Thomas Apel, Stephanie Weerner, Jennifer Banner. It Pays to Have a Digitally Savvy Board[J]. MIT Sloan Management Review, Spring, 2019: 41–45.

如何描述具备“数字化头脑”的董事？

关键词的字体越大，说明它在此类董事的履历中出现的频率越高。

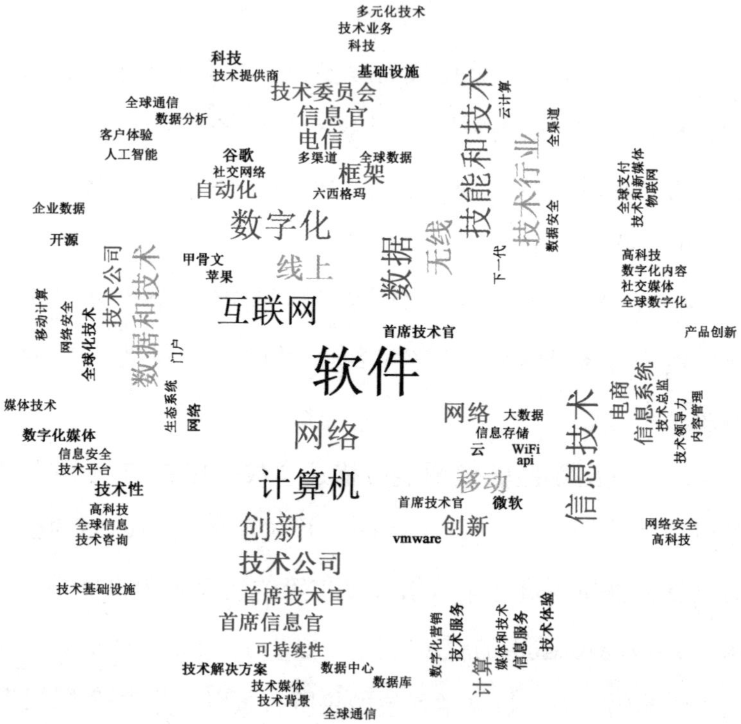

图 3-2　描述“数字化头脑”的关键词词频统计

什么样的董事会才称得上具有“数字化头脑”？

维尔等的研究显示，董事会是否具备“数字化头脑”，有两个决定因素：董事会成员的个人背景以及拥有丰富数字化经验的董事会成员的数量。

首先，董事会成员的个人背景很重要。董事会中需要有成员对当前的技术（如数字平台、人工智能、大数据、移动和数字化进程）有企业级的理解。这些技术对数字化转型至关重要，它们不仅能够帮助改善客户体验、提高运营效率，还能促进和推动新商业模式的发展。获得具备“数字化头脑”的董事往往有两种途径：一是来自科技或电信等快速发展行业，有丰富的数字化经验；二是曾担任过技术含量高的职位，如首席信息官（chief information officer, CIO）、首席技术官（chief technology officer, CTO）、首席运营官（chief operating officer, COO）、首席数据官（chief data officer，CDO）以及近期的首席营销官（chief marketing officer, CMO）等高层管理者。这样的董事拥有独特的视角，能够敏锐地意识到何时应该大胆尝试、何时应该全力以赴以及何时应该寻求合作。

其次，具备“数字化头脑”的董事成员的数量也对企业的财务业绩有直接影响。维尔等针对这一问题进行了量化测试，结果发现拥有“数字化头脑”董事的人数要达到3人，才能给财务业绩带来显著影响。研究显示，要推动董事会层面展开变革，首先要有足够数量的董事能真正理解数字化。如果一家企业只有1～2位董事具备“数字化头脑”，他们难免会感到孤单、受到误解，这时企业在财务业绩上与完全没有此类董事的企业拉不开明显差距。而当具备“数字化头脑”的董事数量达到3人或以上时，企业的财务业绩就呈现显著的优势：与那些“未达标”（即具备“数字化头脑”的董事数量少于3人）的企业相比，其利润率、收入增幅、资产收益率和市值增幅分别高出17%、38%、34%和34%。不过，具备“数字化头脑”的董事超过3人时，企业财务业绩指标并无更显著增长。

“事无三不成”。这个结论适用于所有行业。就目前情况看，各行业具有“数字化头脑”的董事数量呈现较大差异：平均而言，信息行业中有57%的企业拥有具备“数字化头脑”的董事会，零售行业只有24%，交通运输、建筑和采矿行业则不足10%。

当董事会尚缺少“数字化头脑”时，需要引进具有“数字化头脑”的新成员。企业可以从外部引进所谓“顶梁柱”式的人才，即在数字化转型方面具有深厚经验的领导者来主持大局，为企业提供所需的专长和视角，从而加速推动转型进程。

那么，此类“顶梁柱”式人才应具备哪些技能？结合道格（Doug）和穆拉利（Mulally）[1]、凯恩（Kane）等[2]对企业调研的研究，我认为在引进外部“数字化头脑”的新董事会成员时，需重点关注几个方面：① 具备数字化领导力和能力；② 在打造数字化产品和服务方面有丰富经验；③ 擅长讲故事，能够说服员工和顾客直面目前的挑战，并积极参与数字化变革；④ 有紧迫感，但同时又能头脑冷静、保持耐心。虽然数字化的趋势常令管理者感到紧迫和焦虑，但“顶梁柱”式人才必须能把握节奏，不盲目行事。

数字化需避免的九大误区

企业在数字化的进程中会遇到很多挑战，也难免会犯错误。下面列举了企业在数字化转型过程中常见的9个误区：

1. 每个企业都应马上进行数字化转型

企业需要根据自己的状况和行业特点来判断数字化的迫

---

❶ Doug Ready, Alan Mulally. How to Become a Game-Changing Leader[J]. MIT Sloan Management Review, Fall, 2017: 63–71.

❷ Gerald C. Kane, Doug Palmer, Anh Nguyen Phillips, David Kiron, Natasha Buckley[J]. Aligning the Organization for Its Digital Future. MIT Sloan Management Review, Summer, 2016. https://sloanreview.mit.edu/projects/aligning-for-digital-future/.

切性，企业不需要追风头，为了数字化而数字化。如第1章所阐述的，信息化是数字化的第一阶段。事实上，许多企业信息化过程还没有真正完成。企业的数字化转型不同于软件升级、六西格玛或是供应链完善项目，它是一个对企业流程的全面数字化变革，重新构建产品和服务。企业需要先完成信息化过程，才能保证数字化转型的顺利展开。

2. 数字化转型的核心是技术

在本书前几章我强调过，数字化转型不是简单地将技术注入企业之中。各类技术创新和应用有助于企业边际效率的提升，但不能从根本上改变企业的战略和价值创造模式。

3. 数字化转型依赖颠覆性技术

颠覆性技术会对人类社会和经济发展产生深远影响。但是颠覆性技术对社会和经济的影响主要来自这些技术的产业化和商业规模化过程。技术和商业模式创新是颠覆性技术从发明到商业化和规模化的关键因素。比如，基于网络技术的电子商务和社交网络等新商业模式的发展。再如，机器学习作为典型的颠覆性技术，正是通过语音和图像识别等多领域获得了落地应用场景后，才得以对多个行业带来颠覆性影响。关于颠覆性技术的发明和创新之间的关系，本书第4章有详细论述。

4. 科技企业更容易在数字化变革中取得成功

并非如此。美国著名的互联网企业雅虎（Yahoo）是1995年成立的科技企业。1996年在纳斯达克上市后，总市值曾超过1 300亿美元。其服务包括搜索引擎、电邮、新闻等，业务遍及24个国家和地区，为全球超过5亿的独立用户提供多元化的网络服务。但雅虎在数字化转型过程中屡屡受挫，错失移动业务等发展机遇。2016年7月25日，其核心资产被美国电信巨头威瑞森（Verizon）以48亿美元低价收购，这个曾经的互联网巨头在成立20年后谢幕，雅虎的成长、衰亡的经历也成为近年科技企业未能成功实现数字化转型的典型案例。

5. 利润好的企业更容易取得数字化转型成功

事实上，利润不佳的企业进行数字化转型的动力往往更大。成功的企业（尤其是业绩尚好的大型上市企业）反而缺乏变革的迫切感，对变革更为谨慎。数字化一定会带来挑战和不确定性，容易引发组织内部新老系统之间的矛盾。在企业盈利状态良好，没有迫切生存压力的情况下，企业往往缺少积极主动推动数字化转型的动力。

6. 必须抢先采用颠覆性技术

颠覆性技术具有很大的不确定性。有些颠覆性技术需要相当长的时间和投入，才能实现商业化和规模化（见本书第2章关于新兴技术扩散速度的讨论）。对创业公司而言，抢先采用颠覆性技术有可能提高成为行业颠覆者的概率。对相对成熟或者已有相当规模的企业而言，可在适当时机积极布局，采用投资或者收购拥有颠覆性技术企业的策略，这样能大大降低颠覆性技术可能带来的不确定性。

7. 高层管理者都非常渴望数字化转型

数字化转型听起来很“性感”，但它需要高层管理者的远见和勇气以及不断的支持和付出。许多高层管理者都担心数字化转型会给企业带来风险，也会给自己在企业的职业发展带来不确定性，因此不愿意打破既成体系、改变现在相对稳定的业务模式。即便有些高层管理者口头表示支持数字化变革，但他们往往心态复杂，并不积极推动具体工作的落实。

8. 采用外包的方式建设数字化能力是最佳选择

直到今天，很多企业仍将数字化视为企业的后台职能，这些企业往往选择将相关开发工作外包出去。在很多情况下，采用外包的方式可以解决人才、资金和时间的压力，尤其对信息化相关的一些工作（比如云计算或云存储），不失为明智之举，但外包常常会导致数字化转型流程出现问题。如果企业已经掌握了大量数据（比如客户资源），应尽可能投入资源、创造条件，自行开发数字技术，或采用与数字技术企业结成合作伙伴的方式，为企业数字化中、后期发展打下扎实的基础。

9. 只有传统企业才需要数字化转型

数字化转型是很多传统行业的唯一出路，但是非传统行业，譬如科技公司，也面临转型的迫切需要，如本书第2章中谈到的微软。作为老牌的科技公司，微软过去几十年一直在应对数字化转型的挑战。微软曾经依靠微软视窗操作系统（Microsoft Windows）和微软办公软件（Microsoft Office）两大产品，在个人计算机（personal computer, PC）行业一直占据绝对垄断地位。为了适应互联网时代的到来，2008年微软曾经打算收购雅虎开辟网络业务（但收购未成功）。2013年微软以71.7亿美元收购诺基亚手机，进军智能手机业务，但遗憾的是最终也以整合失败而告终。当时市场认为微软大势已去，数字化转型很难成功。直到2014年印度裔纳德拉接任微软CEO后，微软打破既成体系，重新打造核心竞争力，将云服务等新业务列为转型的重点。经过几年的努力，到2018年，云服务市场地位仅次于亚马逊，年收入规模超过200亿美元，成为整体占比超过20%的新增长点。毫无疑问，微软在未来还将继续追随技术和市场的发展趋势，不断调整其战略以适应客户需求的变化。

领导“机器人同事”并同“机器人经理”共事

数字化变革对企业管理实践有深远影响，企业管理者正面对一系列新的问题和挑战。相对传统意义下的工人在工厂的流水线上生产产品，今天很多公司的产品则是软件系统和各种算法。这些软件和算法被其他企业购买，成为这些企业的“工人”，为企业和社会创造价值。雷利（O’Reilly）称这类“工人”为“电子工人”（electronic workers）[1]。

有些“电子工人”不但替代人类员工完成具体生产任务，还承担起管理人类员工的责任。优步（Uber）的核心运营管理系统就是一个很好的例子。软件和算法每天“管理”成千上万

---

[1] Tim O’Reilly. Managing the Bots That Are Managing the Business[J]. MIT Sloan Management Review, Fall 2016: 9–10.

的司机，帮助他们有效地完成工作任务。在优步的例子中，最终还是由司机（人）用车将顾客送达目的地，但除非遇到特殊情况，管理这些司机的任务已不再由人来承担，而由具有管理能力的“电子工人”完成。我们也可以理解这些“电子工人”是可完成某种特定任务的“机器人”。

在下面讨论中，将称负责完成某种特定简单任务的“机器人”为“机器人同事”，而称承担起管理人类员工的责任的“机器人”为“机器人经理”。

随着数字化变革的不断发展，“机器人同事”和“机器人经理”也将成为数字经济的重要组成部分。毋庸置疑，人类员工在企业中所起的角色也会发生变化。为了适应变化，企业高层管理者必须关注人类员工和“机器人同事”及“机器人经理”之间的关系，以及在领导“机器人同事”并同“机器人经理”共事的新环境下可能出现的一些新问题。

客观地讲，企业和学术界对这方面的研究近两年才刚刚开始。综合现有研究结果，我提出下面几点建议，希望对企业高管在数字化过程中应对迟早会遇到的“机器人”课题有所帮助。

（1）“机器人同事”的数量在未来几年会大幅增加。在20世纪，面对大量的工作，企业管理者需要雇用更多员工。进入21世纪后，企业可通过购买或雇用“机器人同事”以提高工作效率、节约人力资源成本。如仓储智能机器人，可以一站式完成配货、拣选、打包、贴单、搬运等工作。人力资源部门用聊天机器人取代了许多人力资源专员，解答员工问题并为员工提供建议。与员工一样，这类聊天“机器人同事”可即时分析自己同员工交流的反馈数据，通过自我学习，不断提高工作能力。

（2）“机器人同事”的加入虽不可避免地会替代一些人类员工的传统工作，但企业管理者必须让员工清楚地认识到，“机器人同事”的加入也可以让他们从事以前无法做到的工作。为了让现有员工同“机器人同事”更好地合作，企业需要对员工进行技术培训，以充分发挥“机器人同事”的辅助作用。雷利（O'Reilly）列举了一个很好的例子[1]:“知识”（The Knowledge）是伦敦出租车司机必须通过的一项“传奇测试”，为了通过这项测试，他们需要多年的学习。然而现在，借助位智（Waze）或谷歌地图，即使是在伦敦这样交通拥挤、道路复杂的城市，几乎任何人都可以成为出租车司机。很多人担心

[1] Tim O'Reilly. Managing the Bots That Are Managing the Business[J]. MIT Sloan Management Review, Fall 2016. https://sloanreview.mit.edu/article/managing-the-bots-that-are-managing-the-business/.

技术会取代人工，但在“新一代数字经济公司”中，技术也可用来增加就业岗位，进而创造新的工作机会。

（3）人类经理作为工作协调员的角色将面临越来越大的压力[1]。近期亚马逊的“机器人经理”开除仓库工人的例子充分显示了数字工具和技术正在无情地改变以往企业的绩效管理方式。随着人工智能和机器学习技术的改进，“机器人经理”的数量会大量增加，它们负责的职能范围也会越来越广。这给我们提出了一个急需回答的问题：在什么时候，“机器人经理”可以简单地绕过人类经理直接“管理”人类员工？直觉与证据之间的冲突如何得到解决？“机器人经理”是否需要更人性化？在优步的例子中，“机器人经理”似乎比人类经理能更好地胜任其工作。但在亚马逊的例子中，我尚没有答案。

（4）随着企业不断寻求提高绩效的新方法，目前已经出现了利用情绪感知和人工情绪智能技术开发的“机器人同事”或“机器人经理”。尽管技术还处于早期阶段，但研究表明，这些技术可以帮助人类员工提高工作注意力，减轻工作压力，在工作中作出更好的决策[2]。IBM获得专利的“预测人员流失

---

❶ Lynda Gratton. Rethinking the Manager's Role[J]. MIT Sloan Management Review, Fall 2016: 8–9.

❷ Guy Hoffman, Interviewed By Frieda Klotz. Building a Robots Colleague with Personality[J]. MIT Sloan Management Review, 2018: 1–5.

计划”能够使用机器学习来分析员工情绪，并利用分析结果预测员工何时可能辞职，准确率高达95%[1]。情绪在人机交互中非常重要，虽然同很多其他情况一样，需要解决隐私问题，但我个人认为，情绪感知和人工情绪智能技术的进一步发展很有可能造就出有个性的“机器人同事”和“机器人经理”，以胜任同情感相关的管理任务。

（5）人类经理的职位会不会被“机器人经理”所替代？管理者的主要任务是分析决策，并在某种程度上处理员工情绪。虽然这些工作涉及复杂的脑力劳动，但许多职能和部分工作已完全可以通过智能自动化来实现，从这个意义上讲，管理者的部分工作将会被“机器人经理”所替代。

（6）现在，传感器技术和实时数据收集使得“机器人经理”可以“跟踪”员工的一举一动，使用“机器人经理”管理员工往往会引起员工的反感和抵触。如何让员工心甘情愿被“跟踪”？瓦贝尔的研究表明管理者可以从以下方面入手：① 让员工自愿选择是否愿意接受“机器人经理”的“跟踪”。这符合最简单也最古老的隐私准则。② 沟通和透明度。同员

---

[1] Eoin Whelan, Daniel Mcduff, Rob Gleasure, Jan Vom Brocke. How Emotion-Sensing Technology can Reshape the Workplace?[J]. MIT Sloan Management Review, Spring, 2017: 7–10.

工充分沟通，向员工公开“机器人经理”收集数据的类型和方式，耐心倾听员工的顾虑，并根据员工的反馈有针对性地对系统进行改进。③ 保护员工隐私。每个人的行为都有与众不同的特点，即使匿名化后的数据，有时也能够被用来识别数据的主人。当数据被用在报告或其他公开场合时，管理者需要非常谨慎，尽可能使用群体行为分布数据，避开个体数据。④ 超越数字。无论多么完整的数据收集和先进的算法都无法完全反映出员工工作的复杂性和员工给企业带来的贡献。企业高管在作重要决策时，不能只根据“机器人经理”获取的“跟踪”数据进行判断[1]。

---

❶ 本·瓦贝尔. 如何让员工心甘情愿被“跟踪”[J]. 哈佛商业评论. 2019，(2): 51-55.

第4章

开启数字化之旅

应对“变化”是企业当今面临的最大挑战

如今，经济和商业环境瞬息万变，无论企业过去有多么成功，企业高层管理者都必须不断思考在未来的竞争环境下，自己将要扮演的角色，以及自己是否能胜任这些角色。为应对“变化”，企业需要在三个方面打造、提升自己的应对能力：① 乐于接受挑战、不断自我进化的能力；② 既灵活又专注的能力；③ 反应敏捷、快速调整和适应的能力。

回顾历史，19世纪到20世纪中叶的工业化时代对企业适应“变化”的能力要求不高。早期的管理理论中有一个基本假设：技术的发展非常缓慢，并且企业了解客户的需求[1]。这个假设意味着，技术和客户需求在相当长一段时间内相对稳定，即技术和客户是不变和已知的。企业要想获得成功，只要投入大量资源开发属于自己的独特技术和专利产品，企业就能赢得客户、占领市场和发展壮大。

今天熟知的很多大型跨国企业，早年都是沿这条道路

---

[1] 彼得·德鲁克.21世纪的管理挑战[M].北京：机械工业出版社，2018年.

发展成为工业时代巨无霸的。例如，德国的西门子以及美国的电话电报公司、通用电气和IBM等企业都曾投入大量人力和财力，争相成立自己的研究实验室，开展科学研究与试验发展（research and development, R&D）研究，在自己的行业领域拥有大量专利和独特的技术。由于技术和客户需求的变化发展相对缓慢，从工业革命初期到20世纪上半叶，"技术和最终客户不变和已知"的假设和事实基本相符，"在很大程度上奠定了现代企业和现代经济崛起的基础"[1]。

很显然，"技术和最终客户不变和已知"的假设早已不再成立。

如第2章所述，随着技术发展的速度不断加快，从技术发明到商业落地的时间周期越来越短。另外，技术的发展不只表现在其发展速度上，还表现为各行业技术之间的关联性越来越强。西门子早期在化学这一单一领域的投入和成功，使其得以长期占据德国乃至世界现代化工领域的领导地位。但今天，由于行业间不同技术的相互依赖，企业的技术研发往往不再只聚焦在自己的行业，产品的产业化和规模化的成功，往往需要凝

---

[1] 彼得·德鲁克. 21世纪的管理挑战[M]. 北京：机械工业出版社，2018年.

聚来自不同行业的技术。

与技术不变的假设一样，最终客户是一成不变的假设也不再成立。技术的快速发展导致经济结构和商业模式不断迭代，并迅速推动客户价值观和消费行为的演变。每个客户都有自己的个性化需求，新技术发展和崭新商业模式的涌现，使满足客户需求的方式变得更加多样化。以支付为例，从最早现金支付到银行卡、信用卡支付，再到如今的移动支付，充分反映了支付领域技术的迭代发展以及消费者消费习惯的变化。

数字化2+3+4模型

为了帮助企业制定数字化转型的落地计划，我结合大量企业数字化转型成功的经验和失败的教训以及近年来学者们的最新研究结果，建立了“数字化2+3+4模型”。这个模型由三部分组成：最高层是数字化的两种战略，中间层是数字化给企业带来的三个契机，最底层是数字化的四个落地领域（见图4–1）。

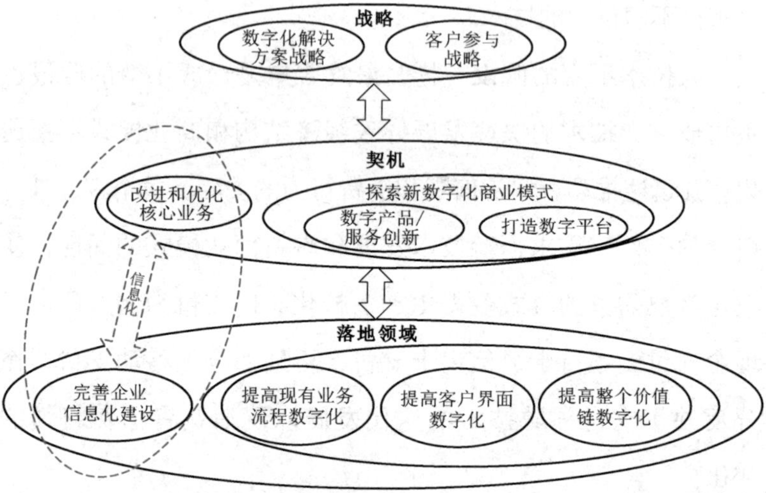

图 4-1　数字化 2+3+4 模型

首先介绍模型最底层数字化的四个落地领域，这四个领域是支撑数字化转型的基础。

1. 完善企业的信息化建设

完善企业信息化建设的主要目的是优化和提高企业运营效率。没有完善的企业信息化建设，企业很难扩大产品和业务的规模、提升产品组合的复杂性、提供个性化客户服务。很多企业低估了信息化的难度，企业管理者在推动信息化时，只关注投资新的、更先进的技术，却忽略了推进和信息化建设配套的组织结构和员工工作方式的变革。因此，大多数企业信息化的投入往往远高于预算，但产生的效益却远低于预期。时至今日，尽管企业在信息化建设方面已超过20年历史，麻省理工学院信息系统研究中心显示，只有28%的企业已经成功实现信息化建设[1]。

2. 提高现有业务流程数字化

使用数字化技术提升核心运营能力越来越成为企业在数字化时代提升竞争力的基础。每个企业都需要寻找自己提升效率和业绩的方式，同时还要提高现有流程适应变化的能力。以马来西亚的森那美（Sime Darby Berhad）集团为例，该公司的核心业务之一是管理东南亚超过60万公顷的棕榈油种植园。企业通过利用基因组学领域的技术，选择良种，可将产量提高15%以上[2]。无处不在的传感器、人工智能和基于无人机的监测，将有助于优化每棵树的营养和水分含量。无人驾驶车辆和机器人将用于进行繁重的体力劳动，帮助企业进一步提高劳动生产力。当数据流入集中控制室时，管理员可以通过收集的数据，在控制室远程监督多个种植园的生产运营，最终大大提高了土地利用率和企业生产能力，同时显著改善了企业流程中一

[1][2] Jeanne Ross. Don’t Confuse Digital with Digitization[J]. MIT Sloan Management Review, 2017(9): 69–82.

些关键可持续性指标。

3. 提高客户界面数字化

在数字经济时代，提高客户界面的数字化程度，对企业至关重要。数字化转型是以客户为中心的变革，功能全面且强大的数字化客户界面，能够给企业提供更有效的窗口，同客户进行信息和业务互动（比如，零售和银行企业的网页和手机应用程序），帮助企业掌握客户需求并整合信息（如航空公司数字化值机系统），打造更好的客户体验（如餐饮业的触摸屏和手机快速下单系统）。有效的数字化客户界面不仅对与客户直接打交道的（To Consumer, 2C）企业十分重要，很多面向企业用户的（To Business, 2B）的制造企业也可以通过网站和其他数字化客户界面，同客户互换供求信息，达成线上交易。

4. 提高整个价值链数字化

提高整个价值链的数字化程度，可显著提升企业的效率、灵活性、协调性和适应能力，并有效地应对突发事件。如加快云端商业化部署，可帮助上下游企业向云端迁移，使整个价值链能快速响应客户和市场的需求。例如，由于拥有高度数字化的产业价值链才使得快时尚行业近年来有了如此快速的发展。

“数字化2+3+4模型”最底层的四个数字化落地领域可以为企业带来大量丰富的数据，数据分析带来的洞察有助于企业提升竞争能力，帮助企业寻找新的发展机会。

“数字化2+3+4模型”的中间层是数字化给企业带来的三个契机：改进和优化核心业务、数字产品/服务创新和打造数字平台。

改进和优化核心业务是数字化的第一阶段目标（信息化），如图4-1虚线所示。例如在快时尚行业，以飒拉（Zara）、海恩斯莫里斯（H&M）、西雅衣家（C&A）为代表的品牌，能够敏捷地捕捉市场的需求变化趋势，并通过改进和优化核心业务的手段以低价和快速的方式，完成从最初设计到最终成衣销售（包括采购、生产、订购、运输、市场和营销以及服务）的全过程。

探索新的数字化商业模式的二个契机，第一是数字产品和服务的创新。四个数字化落地领域获得的丰富客户数据，可帮助企业更好地洞察客户需求，从而打造满足客户需求的个性化产品。例如在线教育、C2B商业模式（汽车、家具等行业）。

企业的另一个契机是打造数字平台。无论是数字型创新企业（如共享出行领域的优步和酒店住宿的爱彼迎（Airbnb）），还是具有相当规模的“传统企业”（如通用电气Predix“工业互联网”），都在积极利用数字化平台作为自己的竞争手段。值得注意的是，约菲（Yoffie）等[1]在研究过去20年209个失败的平台案例后发现，许多平台公司正在以惊人的速度失败。他们分析了这些平台失败的原因，认为主要有：市场定价错误、未能与用户及合作伙伴建立良好信任、进入竞争过早或太迟[2]。

“数字化2+3+4模型”中的中层和底层服务于最高层的企业数字化战略。珍妮·罗斯（Jeanne Ross）和她的同事参与了麻省理工学院信息系统研究中心和波士顿咨询公司的一项研究，研究的目的是如何打造数字化企业。罗斯和她的同事采访了27家公司的70多位高管后，认为企业首先要明确数字化战略的方向，管理团队才能积极主动地引领数字化项目，在推进企业数字化的进程中根据具体情况不断调整重点和投入资源。罗斯等建议在下面两个数字化战略中选一个方向作为开始[3]：

（1）客户参与战略。客户参与战略的重点是发展客户忠

---

[1] 大卫·约菲（David B. Yoffie），哈佛商学院国际工商管理专业教席教授；安娜贝拉·加威尔（Annabelle Gawer），英国萨里大学数字经济中心主任和数字经济首席教授；迈克尔·库苏马诺（Michael A. Cusumano），麻省理工大学斯隆管理学院杰出管理学教授。

[2] David B. Yoffie, Annabelle Gawer, Michael A. Cusumano. A Study of More Than 250 Platforms Reveals Why Most Fail[J]. Harvard Business Review, 2019, (5): 2–5.

[3] Jeanne W. Ross, Ina M. Sebastian, Cynthia M. Beath. How to Develop a Great Digital Strategy[J]. MIT Sloan Management Review, Winter 2017: 7–9.

诚度、信任和激情。此战略的目的是为客户提供无缝的全渠道客户体验，快速响应客户需求，以及同客户建立互相信任的个性化关系。罗斯（Ross）等以美国凯撒健康计划与医疗集团（Kaiser Permanente，简称凯撒医疗）为例，详细解释了这家公司实施客户参与战略的具体做法。凯撒医疗为大力推动“消费者数字战略”，从以下三个方面入手：① 利用数字技术以无缝、低成本的方式为供应商提供数字渠道（个人健康记录、患者和医疗服务提供者之间的沟通数据以及远程护理信息），促进患者与护理服务团队的互动。② 凯撒医疗通过数据分析，跟踪和改善患者对药物和治疗方案的适应性，确定最有效的个性化医疗方案。③ 利用社交媒体打造患者社区，并创建“护理圈”，通过参与和互动的手段，让患者家属积极参与到患者的护理和治疗过程中。凯撒医疗通过使用精心设计的许可系统，允许获得护理许可证的家庭成员帮助专业护理人员一起与医生沟通，并监控患者的治疗。结果表明，“消费者数字战略”能有效地帮助患者在线管理个人健康和治疗信息。更重要的是，它的实施能够帮助患者制定更有效的个性化治疗方案，鼓励患者坚持治疗，并提高患者及家属的满意度。

（2）数字化解决方案战略。数字化解决方案战略的目的是改变企业传统的销售方式。它致力于将多样化的产品和服务整合到解决方案中，通过信息和专业知识增强产品和服务的功能，帮助解决客户痛点问题，并在产品和服务的整个周期中为客户提升价值。随着时间的推移，数字化解决方案可以将企业的收入模式从销售利润转变为通过提供复杂、有价值的产品和服务而获得经常性收入。以微软为例，在过去很多年中，微软一直采用一次性收费的方式，向客户出售软件（如微软办公软件Microsoft office），现在的商业模式转变成按年收费，向客户提供云服务（包括微软办公软件Microsoft Office在内）一揽子解决方案。

下面以苹果、亚马逊、谷歌、微软和脸书为例，根据企业财务数据，分析一下每家企业所采用的战略。

苹果、亚马逊、谷歌、微软和脸书是2018年福布斯（Forbes）全球品牌前五名，它们在2018年的收入分别是2 650亿美元、2 329亿美元、1 368亿美元、1 104亿美元和558亿美元，其净利分别是595亿美元、101亿美元、307亿美元、166亿美元和221亿美元。苹果收入主要来源于苹果手机、苹果平板电脑和苹果电脑（iPhone、iPad和Mac），占公司总收入的79.5%；亚马逊收入主要来源于网站销售和亚马逊云计算服务平台（AWS），占公司总收入的63.8%；微软收入主要来源于微软办公软件、微软云服务和微软视窗操作系统（Microsoft

Office、Azure和Microsoft Windows），占公司总收入的67.1%。很显然，这三家公司主要采用的是数字化解决方案战略。

相比之下，谷歌和脸书采用的是客户参与战略，这两家公司以广告收入为主，谷歌的广告收入占总收入的70.4%，脸书的广告收入占总收入的98.5%。谷歌和脸书通过向客户（免费）提供检索和社交平台服务，有效地建立起与客户的紧密互动关系，庞大的客户群体以及不断增强的客户黏性，成为两家企业的核心竞争能力，带来了可观的广告经济效应（见图4-2）。

关于“数字化2+3+4模型”，需要强调如下几点：

（1）同前三次工业化革命不同，今天企业的出发点不再是自己能生产出什么产品和提供什么服务，企业的出发点应以客户为中心，无论是数字化解决方案战略还是客户参与战略，企业各项任务都应该围绕满足客户个性化需求这个目标，由此设定各项任务的优先级，并相应分配企业资源。时刻牢记：产品和服务的价值不是由企业决定的，而是由客户决定的。客户决定企业产品和服务的价值。

（2）企业可以在两个数字化战略中选择一个作为开始，但两个战略往往互相关联，相互支撑，最终不可避免地会交汇在一起。客户参与战略能帮助企业更好地了解客户需求，洞察

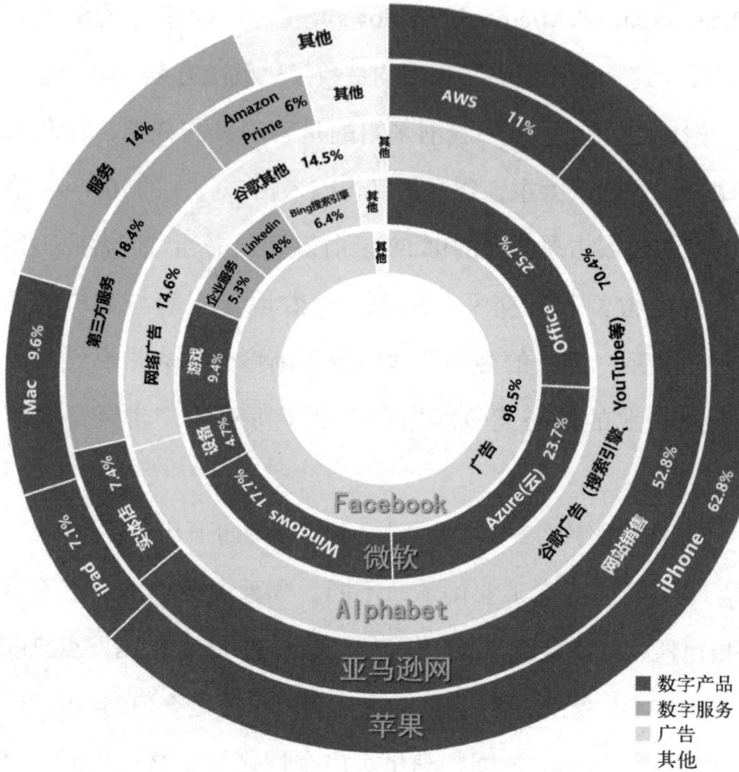

图4-2　2018年福布斯全球品牌前五名公司的商业模式

客户需求的变化，有助于企业打造更个性化的数字化产品与服务；反之，强化数字化产品与服务，可以通过改善企业与客户的互动界面，更好地实施客户参与战略。对很多企业而言，公司战略不是实施单一战略，而是两种战略的有机融合。

（3）“数字化2+3+4模型”由三个层次组成，这三个层次之间不是单一的自下而上或自上向下的关系，而是双向互动关系。例如，强化的数字化流程是打造新数字化商业模式的基础，新的数字化商业模型又对企业的流程提出更高的标准和要求，积极推动企业改善现有流程的成本、效率和反应速度。

（4）数字化是应全面展开还是从局部探索开始？一般而言有四种方法：全面转型、组织内部分拆或者成立针对创新业务的部门、内部赛马机制和并购。企业需要针对自己的实际情况，找到适合自己的方法。

数字化创新是核心竞争力

为成功推动“数字化2+3+4模型”的落地实施，企业必须重视数字化创新。数字化创新可通过赋能四个落地领域，助力开拓新数字化商业模式和核心业务的改进和优化，最终支持两种数字化战略的实现。反过来，在应用“数字化2+3+4模型”的过程中，一定会对数字化创新不断提出新的诉求。这些新的诉求会加速推动创新的迭代和规模化，并催生新的具有突破性的数字化产品与服务。

新兴技术是创新的重要推动力，反过来，创新是新兴技术商业产业化和规模化不可缺少的组成部分。技术的发展往往会经历三个阶段：原创性技术的发明；原创性技术的产业化；原创性技术的规模经济的市场开发。区别于第一阶段的“发明”，第二和第三阶段的技术发展我们称为“创新”。

新兴技术，特别是具有颠覆性的新兴技术对社会和经济发展会产生深远影响，这类技术给企业带来的冲击往往是致命的。《麻省理工斯隆管理评论》和德勤最近的一份研究报告显示，近90%的受访高层管理者表示他们的行业很可能会受到颠覆性技术的冲击，但超过一半的企业尚未做充足的准备来应对这种冲击。事实上，很多企业面对颠覆性技术的冲击，往往束手无策，深陷被颠覆的危险，更谈不上主动应对、很好地抓住颠覆性技术带来的机会[1]。

为什么许多企业不能很好地应对颠覆性技术所带来的机会和挑战？卡普尔（Kapoor）和克鲁特（Klueter）的研究显示，在很多情况下，现有企业，尤其是有一定规模的企业的最大挑战不是没有察觉到新兴技术的出现，也不是不愿意对这些新兴技术进行投资，而是看不清这些新兴技术的前景，尤其是

[1] Fredrik Svahn, Lars Mathiassen, Rikard Lindgren，Gerald C. Kane. Mastering the Digital Innovation Challenge[J]. MIT Sloan management Review, Spring 2017: 14–16.

很难判断这些新兴技术在近期是否能够产生规模化经济价值。在研究了1989年到2008年全球50强医药公司开发的颠覆性生物技术后，卡普尔和克鲁特建议：为了让企业更好地认清新技术的前景和对经济及商业模式的影响，高管在评估新技术时，不仅需要分析技术给产品带来的新功能，考量其给企业和所在行业带来的竞争力变化，更要分析新技术对客户行为和企业盈利模式的影响[1]。

根据我的观察，即便企业对颠覆性技术的影响有清晰的认识，当颠覆性技术催生的商业模式与企业现有商业模式存在很大的不兼容性时，企业内部的巨大阻力会严重阻碍技术的发展，成为技术产业化和市场规模化的“拦路虎”。

例如，创建于1880年的柯达，曾长期是传统胶卷领域的引领者，它的市值在上市两年后的1997年曾达到310亿美元。早在1975年，柯达就研发出了世界上第一台数码相机。但由于传统胶卷领域的价格竞争激烈，尤其是数字成像技术对传统成像技术造成的巨大冲击，柯达的业绩大幅下滑，最终在2012年1月19日提交破产保护申请，百年的金字招牌轰然倒

❶ Raul Kapoor, Thomas Kuleter. Organizing for New Technologies[J]. MIT Sloan management Review, Winter 2017: 85–86.

下。柯达高级副总裁兼数码影像部总裁史兆威（Shih）[1]认为柯达失败的原因有4个：① 从传统胶卷转型到数字成像并不容易，因为数字成像是基于与传统胶卷业务无关的数字技术平台，所以需要投入全新的数字技术设备和相关技术人员。② 当传统胶卷业务的收入不断下滑时，柯达被迫削减生产规模，导致规模经济优势消失，产品价格上涨，最终进入恶性循环。③ 柯达大部分利润来自制造和销售传统胶卷，在发明数码相机后，并未及时把握好新技术带来的机遇。虽然柯达在1991年已推出专业级数码相机，并在1998年开始生产民用数码相机产品，但是由于柯达的高管担心传统胶卷销量受到影响，一直没有勇气大力发展数字业务。④ 为应对危机，柯达进行过几次大规模的战略重组，大幅裁员。在柯达工作过几十年的高管都希望控制数字产品的销售渠道，更加剧了柯达企业的内部纷争。

尽管柯达发明了第一台数码相机，拥有颠覆性技术的先发优势，却因为流程和组织等方面的挑战阻碍了它的数字化转型，没能将新兴技术实现商业化和产业化，最终黯然退出市场。

---

[1] Willy Shih. The Real Lessons from Kodak's Decline[J]. MIT Sloan management Review, Summer 2016: 11–13.

如何判断技术的不同发展阶段对企业决策至关重要。辛菲尔德（Sinfield）和索利斯（Solis）认为，创新是一个渐进的过程，可以分成两个主要发展阶段：新范式（new paradigm）和成熟范式（established paradigm），从新范式过渡到成熟范式的关键时间节点称为创新拐点（enabling innovation）[1]。

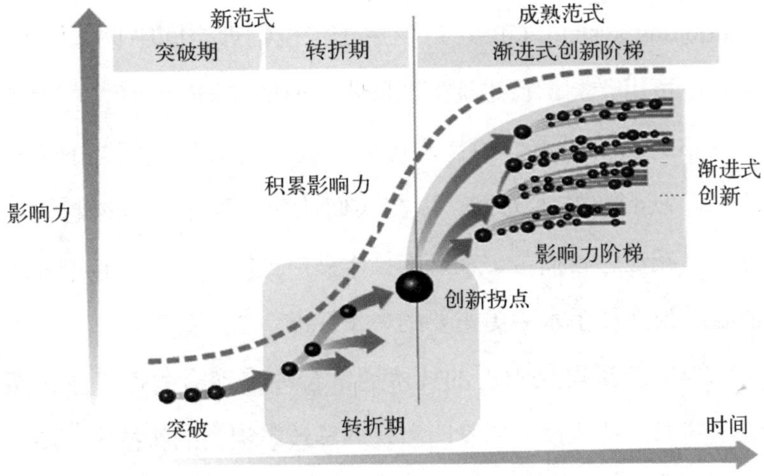

图4-3　创新的不同发展阶段

对如何判别创新是否已经达到拐点，我结合辛菲尔德和索利斯的研究，概要出企业高管应该着重关注的几个方面：

[1] Joseph V. Sinfield, Freddy Solis. Finding a Lower-Risk Path to High-Impact Innovations[J]. MIT Sloan Management Review, Summer 2016: 79–89.

（1）位于创新拐点的技术已经走完新范式阶段（包括突破期和转折期），此时的技术尚未落地于具体的应用场景。例如，人脸识别技术已经在实验室发展成熟，但尚未被应用到银行和机场等应用场景中。

（2）创新拐点附近的技术，已积累了相当的影响力，在很多领域展示出潜在的应用价值。例如，全球定位系统（global positioning system, GPS）广泛用于定位物理空间中物体或人，但它也可用于测量行进速度或同步定时的仪器。

（3）创新拐点处的技术可以颠覆社会对某些问题的传统认知。以麻醉技术为例，以往人们认为外科手术应该越快越好，以减轻患者痛苦，在麻醉技术被广泛应用之后，精准取代速度成为外科手术中更重要的考量标准。

（4）创新拐点附近的技术通常会冲击现有的产品生态系统。例如，雷达技术的发明和发展导致了相关的新技术、新产品供应商和新工作机会的出现。

（5）创新拐点附近的技术通常可以互相结合，产生新的解决方案。例如，深度学习和摄像感光技术的结合，大大提高了图像识别的精确度。

（6）一般而言，创新拐点附近的技术带来的影响力是可预见的。例如，虽然5G还尚未落地，但已可以预见它将在车联网、远程医疗、社交网络、智能交通和智慧城市等领域有着广泛的应用前景。

一旦技术已进入创新拐点，企业应该如何抓住机遇？

一是筛选有应用潜力的技术，加大投入，使创新技术尽快进入成熟期。

二是对在创新拐点附近的技术，要有足够耐心。有些很有应用潜力的技术，需要逐渐突破原有商业模式的前沿，一步步拓宽其应用场景。例如，光纤技术最初在牙科检查中起照明作用，之后被推广应用到医学很多领域（如内窥镜、光纤诊断系统等）。随着1977年世界上第一条光纤通信系统在美国芝加哥市投入商用，光纤技术才被广泛应用于全球通信领域。

三是打破行业界限。许多管理者只能看见自身所处的行业的技术发展，而忽视了技术可能在其他行业的应用潜力。只有打破行业界限，才有可能快速推动创新技术通过拐点进入成熟期。

四是主动塑造行业生态，积极教育、培养市场以提升市场对新技术创新的认可。创新不仅仅是产品和服务的创新，它是一整套体系，常常催生新的基础设施和法规，以及在制造、分销和服务等领域创造新的就业机会，主动塑造行业生态，才可开辟出一个潜力巨大的市场[1]。

许多创新产品在市场上并不成功，一个常见原因是企业并不太关注研究客户是如何做出购买决定的。西梅斯特（Simester）和他的研究团队花了10年时间跟踪研究了美国畅销的近9 000种零售新产品，发现这些畅销品在三年后还在市场上销售的只占40%[2]。开发优质产品并不足以在市场上取得成功，产品要想获得成功，客户的认可才是最重要的，否则无论创新有多大潜在价值，都无法给企业带来更多销售。另外，企业要想在数字化变革中取得成功，需要整体的全盘考虑，仅在一两个方面（比如数字产品/服务创新）做得再优秀，也很难达到转型的预期目标。

创新是推动数字化转型的核心竞争力，但也极具挑战。学术界、企业界和咨询公司对创新进行了大量的调研和研究。波斯纳（Posner）和曼格尔斯多夫（Mangelsdorf）在《麻省理工斯隆管理评论》上发表的文章将相关的研究结果做了很好的总结（见表4-1）[3]。

---

[1] 克莱顿·克里斯坦森，艾佛萨·奥热莫，凯伦·迪伦，开辟式创新[J]. 哈佛商业评论中文版，2019，(2).

[2] Duncan Simester. Why Great New Products Fail?[J]. MIT Sloan Management Review, Spring 2016: 33–39.

[3] Bruce Posner, Martha E. Mangelsdorf. 12 Essential Innovation Insights[J]. MIT Sloan Management Review, Fall 2017: 28–36.

表4-1 创新的本质特点

1	**创新并非就是开发新产品或新技术，而是创造新的价值。**创新的形式多种多样，企业可以从实现新价值的方式和方法、运营流程、业务平台等不同维度思考创新。狭隘地看待创新，会使公司丧失机遇，只有开阔视野，找到创新的领域，企业才能在竞争中占据优势。例如，星巴克的创新就是创造不同的客户体验，让顾客在工作、生活之余，拥有一个可以和朋友聚会的“第三空间”
2	**通过改变游戏规则，挑战竞争对手。**颠覆一个市场，不仅可以通过颠覆性技术，还可以通过改变游戏规则，后者被称为战略性创新。譬如西南航空选择点对点直飞，而不是美国航空业普遍采用的中枢城市航线。要进行战略性创新，企业必须重新定义客户，重新审视企业能为客户提供什么，重新思考如何开展业务以及企业具有哪些独特能力
3	**识别创新项目中的不确定因素，并找到解决方案排除不确定性。**突破性的创新项目面临很多不确定性，企业应该制订一套“学习计划”，确定技术、市场、组织和资源四个层面的不确定因素，并根据它们的重要程度，依次提出可行方案，通过快速、低成本的测试，最终排除不确定性
4	**率先进入市场并不能保证企业一定获得成功。**研究显示，率先进入市场的先锋企业失败率高达47%。而紧随先锋企业进入市场的早期市场领导者往往成功率更高，它们获得的市场份额更多。率先进入市场并不一定给企业带来优势，它仅仅提供了一个机会。企业要想获得成功，需要关注5个影响因素：拥有“大众市场愿景”、积极应对企业所面临的挑战、根据企业愿景匹配相应资源、即便原有产品受到冲击也持续创新、利用资产杠杆[1]
5	**让客户参与开发下一代产品。**个体消费者在产品开发和产品改造中起重要作用。对于自己喜欢的产品，消费者愿意主动参与产品设计并提供有价值的信息。伴随电脑辅助设计和3D打印技术的发展，用户更容易设计并制造他们需要的产品。而企业应该思考的是如何重造产品开发系统，以高效率地接受用户开发的产品原型，并投入生产

❶ 请参阅本章节中关于如何判断技术的不同发展阶段的讨论。

（续表）

6	**企业不能押宝在单一原创性发明上。**原创性发明的成功率很低，企业要想获得突破性创新，应该：① 尽量多发明，因为只有很少的发明最终产生突破性效应；② 尽量提高每项发明的平均价值；③ 拓宽思路，尝试不同领域的发明——发明越多，带来的价值可能就越多
7	**根据创新项目的不同类型，决定是否应与外部创新者合作。**对于那些技术和消费者偏好很清楚的创新项目，可由企业自己完成。对复杂程度高，需要大量累积知识的项目与外部创新者合作
8	**打造支持持续创新的流程系统。**首先要绘制创新蓝图，构建创新引擎（筛选、开发、指导创新项目）并建立配套的支持系统，从核心业务出发，逐步将创新拓展到新领域，合理分配资源，为实质性创新创造有利条件
9	**创新的成功依赖于企业员工的集体努力。**不同员工在创新过程中发挥不同作用，有些可以收集外部企业“有前途的创新想法”，另外一些员工可以利用他们在企业内部的广泛人脉和专业知识推动创新❶
10	**创新的关注点不一定是取得一次性重大突破，而是在加速产品开发速度并降低产品的生产成本。**企业可以将创新过程分解，将其分配给不同团队同步实施，这样公司往往能以较低成本快速完成创新项目
11	**同客户社区积极互动。**重视客户社区（比如乐高公司的粉丝群）的意见和反馈，更好地推动产品和服务的创新
12	**管理者与专业技术人员要互相包容、充分合作。**技术带来的快速变化已经在管理人员和专业技术人员的专业知识之间造成了越来越大的鸿沟：管理者往往关心企业整体资源的有效分配，而专业技术人员往往更关注他们心中的“更高目标”和愿景。管理者和专业技术人员双方都要学会互相包容和合作

❶ 见本书第3章关于在数字化转型过程中，企业如何发挥各种员工特长的论述。

数字化团队和文化是基础

2017年《麻省理工斯隆管理评论》和德勤的研究表明：吸引并留住数字化变革需要的人才是目前企业面临的最紧迫的问题之一[1]。研究调研了超过3 700位企业高中层管理者，他们中多达70%认为，企业需要更具数字化创新精神的团队，以适应今天数字化竞争的挑战。

一般而言，企业获得有数字化能力的人才有3种方式：外部引进、外包参与和自己培养。企业可以从市场引进高端数字化人才，如引进具有数字化技术背景的高管或拥有特殊技术能力的高端技术人才；也可通过咨询公司或雇用承包商参与企业的数字化项目，但可持续的数字化人才战略需将重点放在提高现有员工的数字化能力上。凯恩(Kane)和他的同事的研究显示，综合采用3种不同形式获得数字化人才，能让企业有效平衡“速度”“灵活性”“内部员工培养”等多个维度，对多数还处在数字化转型初期的企业这可能是最佳选择[2]。

---

[1] Fredrik Svahn, Lars Mathiassen, Rikard Lindgren, Gerald C. Kane. Mastering the Digital Innovation Challenge[J]. MIT Sloan Management Review, Spring 2017: 14–16.

[2] Gerald C. Kane, Doug Palmer, Anh Nguyen Phillips, David Kiron. Winning the Digital War for Talent[J]. MIT Sloan Management Review, Winter 2017: 17–19.

当企业数字化的程度相对较低时，企业吸引人才的能力相对薄弱，不幸的是，企业此时对数字化人才的需求也最迫切，企业往往在没有太多选择的情况下，多依赖咨询公司和外部承包商。虽然这样做可以解决“速度”和“灵活性”的问题，但仅依靠外部帮助只是一种权宜之计。随着企业数字化程度越来越高，企业吸引人才的能力显著增强（见图4-4）。同时，这些企业为提高现有员工的数字化能力提供了更多机会（是数字化程度处于早期发展阶段企业的5倍以上，76%对14%）。

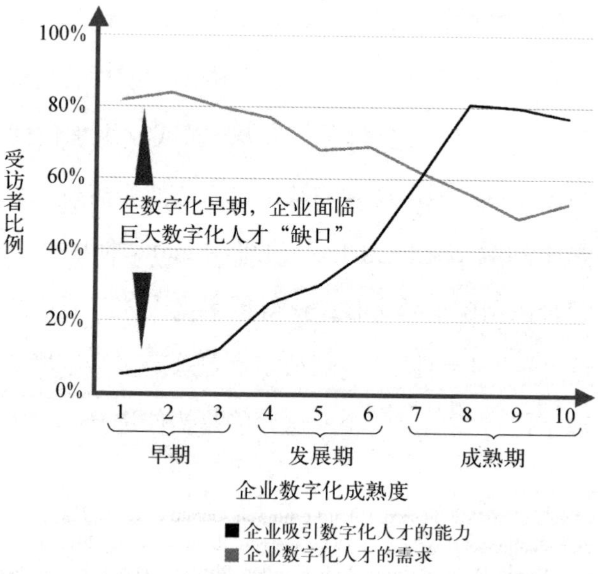

图4-4 企业在不同数字化阶段的人才缺口

在数字化时代，企业数字化文化变革对数字化团队建设至关重要。为了培养和保留数字化人才，企业需要创造一个让员工渴望不断学习，获得数字体验和成长的良好文化环境。企业可能无法再像以前那样为员工提供长期稳定的工作，但可以积极鼓励并创造条件，使员工通过不断学习提高自己的生存和竞争力[1]。那些认为自己无法获得足够发展机会的企业员工，计划在一年或更短的时间内辞职的可能性，要比在能提供较多机会的企业中工作的员工高出15倍[2]。

《哈佛商业评论》分析服务部2018年的研究表明，随着企业不断评估它们的数字化变革进展，企业领导者越来越重视企业的文化变革。“我们正处在一个有趣的时代。每个人都把技术放在第一位，把流程放在第二位。而现在，他们作出的巨大投资正在贬值，甚至毫无意义。他们当下最先考虑的应该是文化。组织可以将所有资金用于技术变革，但是如果人们不改变工作方式，一切都是空谈[3]。”

根据《哈佛商业评论》分析服务部的研究，为推动数字化

---

[1] Michael Ballé, James Morgan, Durward K. Sobek II. Why Learning Is Central to Sustained Innovation[J]. MIT Sloan Management Review. Spring 2016: 63–71.

[2] Gerald C. Kane, Doug Palmer, Anh Nguyen Phillips, David Kiron, Natasha Buckley. Achieving Digital Maturity[J]. MIT Sloan Management Review, Summer，2017. https://sloanreview.mit.edu/projects/achieving-digital-maturity/.

[3] 引自Melissa Swift，光辉国际高级客户合作伙伴，2018年。

文化的发展，企业必须致力于：加强合作，提高适应性、透明性和包容性。首先，加强合作能力的重点是提高组织的协作性，包括支持分享工作、以小组形式启动项目、有效衔接其他项目组以及组建跨职能团队。提高适应性是指提高员工应对突发情况的能力，以及倡导鼓励员工实验并从中吸取经验教训的文化。提高透明度的重点是形成决策者同团队定期分享相关计划、产品或流程的数据和资源信息的机制。最后，提高包容性则需要领导者主动征求不同意见，企业建立有效反馈渠道，以及完善集体或协作决策流程和制度。

数字化转型会带来新的价值主张和收益模式，也可能重组或成立新的业务单元，不可避免地同现有组织架构产生矛盾和冲突。如何尽可能减少新老组织架构之间的矛盾和冲突？桑德（Sund）等给出了3点建议：① 不要过快地在组织结构方面大动手术，企业的组织需要在探索和实验过程中，不断地学习和调整，形成更好的基础模块和最优的组织结构；② 针对新的商业模式，企业高层管理者应该给予足够的支持和指导，同时需要给新业务留出足够的自由发展空间；③ 准备面对来自新老部门就资源和权力的斗争。任何新的商业模式都必须与现有的商业模式共同发展和共存。现有商业模式虽可能停滞不前，但往往仍是企业当前的主要收入来源，因此这些部门的管理者在企业决策中有很大发言权。虽然新的商业模式有可能成为企业未来的核心业务，但在很长一段时间内可能无法给企业带来盈利，在企业内部的地位还无法与现有业务部门平起平坐，需要竞争才能获取企业的资源支持。企业高层需要紧紧围绕数字化战略需求，统一认识，做好各个部门的沟通工作，合理分配企业稀缺资源以软化企业内部的激烈冲突，实现企业长期利益[1]。

数字化转型“路线图”

真正的数字化转型需要的不仅仅是勇气和决心，还需要正确的转型模式。本书第4章给大家介绍了“数字化2+3+4模型”，并详细讨论了模式中所涉及的数字化战略、契机和落地领域。在第3章和本章中，分别讨论了数字化转型的3个必备条件：数字化领导力、数字化创新能力和数字化团队及文化建设，它们形成了数字化时代企业成功的核心要素，是企业数字化转型的基础和保障。综合“数字化2+3+4模型”和数字

❶ Kristian J. Sund, Marcel Bogers, J. Andrei Villarroel, Nicolai J. Foss. Managing Tensions Between New and Existing Business Models[J]. MIT Sloan Management Review, Summer 2016: 8–10.

化成功转型的3个必备条件，得到了企业数字化转型的“路线图”（见图4–5），该图全面解析了企业数字化转型的战略方向和“行动路线”，强调凝聚领导力、技术、流程、创新和组织文化要素的力量是数字化成败的关键。

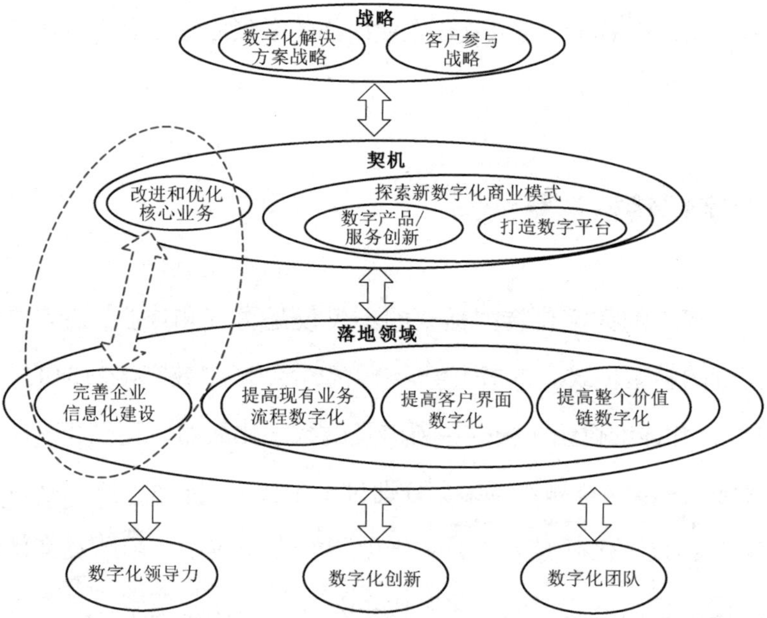

图4–5　数字化转型“路线图”

后记

未来之路

2016年春，埃森哲（Accenture）董事长兼CEO 南佩德（Pierre Nanterme）接受了《麻省理工斯隆管理评论》主编保罗·米歇尔曼（Paul Michelman）的采访。当被问到作为高管如何引领企业数字化时，南佩德回答道："企业和商业模式的未来将结合商业和技术带来的机遇，数字技术正在成为新商业模式的普及和推动者。关键不是让CEO和其他高层领导人成为技术专家，而是要让他们对技术有一个基本了解，有一定数字修养（即成为"数字化领导者"）以开拓出新的商业模式[1]。"今天，全面了解数字化的内涵、提高数字化认知、具备"数字化头脑"已成为企业管理者角逐未来世界必不可少的重要砝码。

近年来，很多企业都意识到数字技术能够颠覆现有业务，由此踏上了数字化转型的征途。但对不少企业而言，数

---

[1] Pierre Nanterme, Interviewed by Paul Michelman. Leading in an Unpredictable World[J]. MIT Sloan Management Review, Fall, 2016: 53–57.

字化道路并不平坦。从数码策略咨询公司（Altimeter）2019年发布的《全球数字化转型现状研究报告》中，我们可以多少管窥到目前企业数字化转型的一些现状。当回答“请选择三个数字化转型的重点领域”时，近2/3的公司（62%）选择了IT，随后依次是客户服务（34%）、运营（30%）、创新（27%）、销售（24%）、市场和广告（20%）。虽然企业数字化转型的努力仍主要集中在IT领域，我很高兴地看到85%的受访公司称他们进行的数字化转型已经超出了IT领域，数字化转型的重点正逐渐扩展到了整个组织的其他业务之中。

国际数据公司（IDC）发布的《2018中国企业数字化发展报告》列举了包括金融、制造、教育、零售、文娱和政府六个行业在八个维度的数字化水平（见表1）。表中条形长度越长，代表数字化程度越高，反之则代表数字化程度越低。就中国企业数字化的发展现状看，行业之间的数字化程度有显著差距。数字化程度最高的是零售、文娱和金融等距消费者较近的行业；政府和教育行业数字化投入力度较大，虽然数字化程度有一定积累，但也面临较多问题，整体数字化水平不高；制造业数字化投入力度低，数字化程度滞后于其他行业，发展空间大。

表1 中国六大行业数字化水平

维度	指标	金融	制造	教育	零售	文娱	政府
数字技术应用	数字化支出						
	数字技术应用成熟度						
	数字技术应用潜力						
决策模式创新	数字化重视程度						
	数字化措施						
	生态系统建设						
	数字化风险承担						
业务流程创新	流程/服务效率						
	数字化相关资产						
	IT 部业务						
产品服务创新	产品/服务创新率						
	数据资产化						
	数据开放						
	隐私及治理						
用户体验创新	客户支持度						
	客户净推荐值						
	用户体验和个性化						
盈利模式创新	数字化收入占比						
	数字化增益比率						
工作资源创新	劳动力吸引力						
	员工净推荐值						
	员工数字化技能						
	创新激励						
整体数字化水平							

资料来源：国际数据公司（IDC）的《2018中国企业数字化发展报告》。

无论在哪个行业，企业高管都在密切关注并追踪数字技术的发展。根据《麻省理工斯隆管理评论》和德勤的研究，针对13个不同行业，表2列举了企业高管对各类技术在未来3～5年发展和应用趋势的预测[1]。表中条形长度代表技术在未来3～5年对各行业可能带来的影响的重要程度。从表2中可以看出，在未来3～5年中，有些技术在所有行业的重要性会进一步提升，包括物联网、3D打印、虚拟现实和认知计算。相比之下，经过多年的应用积累，数据分析在未来3～5年对所有行业的相对重要性将不如其他技术。同样，另外有些技术在部分行业也已被比较广泛地应用，在未来3～5年的重要性将有所降低（比如，移动在银行、零售、电信和通信行业）。

时至今日，仍有些企业认为数字化距离行业现实太过遥远，尚未找到有效利用数字技术的场景，或对数字化变革能否为企业带来更多客户和盈利心存疑虑。在这里，我也借此机会提示这些企业的高管：数字化已成为企业生存之必须，过度观望可能是一个成本高昂的策略。

针对人工智能技术，麦肯锡全球研究院的杰奎·布金

[1] Gerald C. Kane, Doug Palmer, Anh Nguyen Phillips, David Kirn, Natasha Buckley. Aligning the Organization for Its Digital Future[J]. MIT Sloan Management Review, Summer 2016.

表2 技术的发展和应用趋势预测

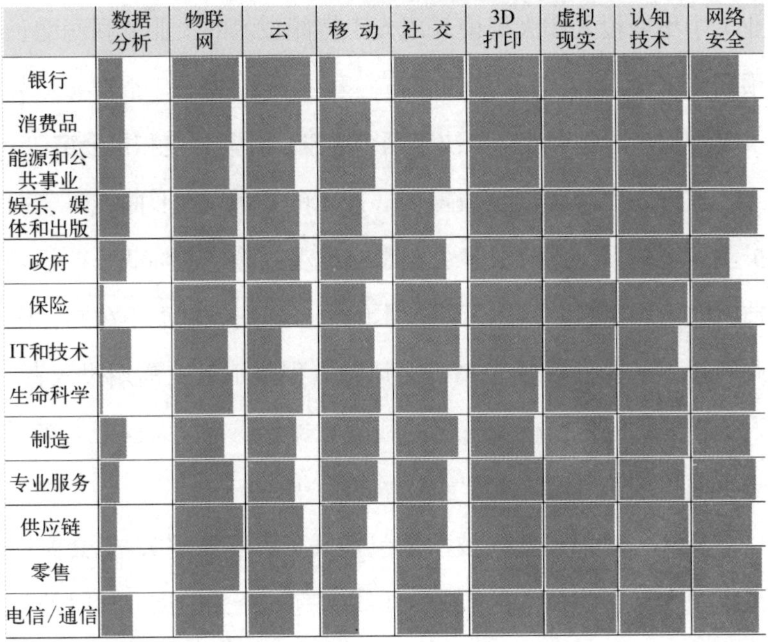

（Jacques Bughin）收集了19个行业中的400多个案例，基于当前企业采用新技术的意图、技术对现金流的影响以及因采用新技术给企业带来的利润增长，模拟了人工智能技术到2030年的动态扩散过程[1]。研究发现：早期投入和大规模采用人工智能技术的企业，与未投入企业之间的业绩增长，存在显著差

[1] Jacques Bughin. Wait-and-See Could Be a Costly AI Strategy[J]. MIT Sloan Management Review, 2018: 1–4.

异。平均来看，各行业（包括零售、运输、金融服务和制造业）中早期投入和大规模采用人工智能技术的企业的利润增长预期比未投入的同行高出20%。

观望策略是否成功取决于两个因素：竞争强度和机会窗口。

首先，竞争强度至关重要。技术的扩散呈S形曲线，前期扩散速度较慢，这时很多企业想通过观望策略来降低采纳新兴技术的不确定性。人工智能技术的很多应用领域竞争激烈，因此晚投入的企业面临较高机会风险，很难追赶上前期投入者。人工智能的应用给行业带来的利润增长预期，很大程度上实现于早期投入和采用人工智能技术的企业。

其次，对很多新兴技术（包括人工智能技术），机会窗口很小。人工智能技术扩散的S曲线上有一个关键点，此时的竞争十分激烈。在这个关键点之前，应用技术的成本大于技术带来的利润，50%左右的企业可能会由于长期观望而一直处于这个位置。对人工智能这类竞争强度高的技术，观望的时间一定不能过长，技术扩散一旦通过S曲线上的关键点，机会窗口会快速关闭，技术带来的价值增长空间很快就会消失。另外50%左右的企业非常看好人工智能技术在其行业的应用前景，对这些企业来说，重要的问题不在于是否投入和采用人工智能技术，而是决定以何种速度和规模投入和采用人工智能技术。最佳速度和规模因行业而异，具体取决于其行业竞争强度、人工智能技术投入回报率以及确保项目实施所需的资源和能力。布金的研究预计，那些已决定投入人工智能技术的企业，平均来讲，会在三年内大规模将人工智能技术应用融入企业的运营之中。

回顾历史，每当变革浪潮涌现的时候，总有些企业将其当作炒作或融资的手段；也有些企业匆忙上阵，因准备不足导致人心惶惶、变革受挫；另一些企业则因没有找到正确进军路线，举步维艰、饱受诟病；还有部分企业领导者因迟迟不肯行动而备受指责，最终丧失良机，被扫地出门。当然，也不乏企业能积极应对，将危机转化成机会，成为变革中的颠覆者。数字化时代也不例外，希望本书的讨论能给那些期望或已经开启数字化之旅的企业以启发。

最后，在结束本书之际，我想将布莱恩·阿瑟（Brian Arthur）[1]的话送给正在为数字化转型而奋斗的企业管理者：

---

[1] 布莱恩·阿瑟（Brian Arthur）：1945年7月31日出生，复杂性科学的重要奠基人和技术思想家，1990年获Schumpeter奖（此奖由熊彼特协会每两年颁发一次，奖励在经济学，尤其是为创新及经济发展做出杰出贡献的研究学者），2008年获Lagrange奖（此奖由比利时皇家科学院每四年颁发一次，奖励对世界数学知识的发展有贡献的杰出的数学工作或实验工作者）。他拥有加州大学伯克利分校经济学博士学位，37岁成为斯坦福大学最年轻的经济学教授，著有《经济中的收益增加与路径依赖》（*Increasing Returns and Path-dependence in the Economy*, 1994）、《技术的本质》（*The Nature of Technology: What it is and How it Evolves*, 2009）和《复杂经济学：经济思想的新框架》（*Complexity and the Economy*, 2014）等著作。

> 当前经济发展到了基本上为每个人都生产了足够多产品的阶段……故而，我们正步入的这个新时代所面临的不再是生产多少产品，而是关于分配，关于人们如何分享生产所得的问题[1]。

希望企业家们认清当前技术对经济根本结构变化的影响，将关注点放在客户长远需求和解决社会民生痛点上，把握这一轮数字经济带来的价值增长机会。

[1] Brian Arthur. Where Is Technology Taking The Economy?[J]. McKinney Quarterly, October, 2017.

致 谢

在本书三个月的写作过程中，作者深深地受益于同中欧国际工商学院的同事、麻省理工学院的研究学者以及众多企业家的讨论。作者特别感谢丛书主编许斌教授和胡峙峰先生的热情鼓励，赵先德教授对本书的评审意见，黄林青和张丽为本书所做的文字编辑工作。另外，作者也受到了丛书编辑部的大力协助以及中欧国际工商学院研究经费的支持，在此，一并致谢。